학생맞춤통합지원과 교육복지 실무

이론 · 실제 · 서식을 통합한 실천가 가이드

박자양

KNOWLEDGE COMMUNITY 공동체

머리말

교육복지는 단지 제도를 연결하는 일이 아니다.
누군가를 깊이 들여다보고, 그 삶의 결을 따라가며, 다시 일어설 수 있도록 곁에 머무는 일이다.
그리고 이 조율과 동행의 시간을 감당하는 사람들을,
우리는 교육복지사라 부른다.

이 책은 그 실천가들을 위한 책이다.
누군가는 초임 실무자로서,
누군가는 오래된 고민을 안고 있는 실천가로서,
또 누군가는 한 명의 학생을 어떻게 도울 수 있을지 막막한 순간에
이 책을 펼칠지도 모른다.

어떤 입장이든, 나는 이 책이 '어떻게 일할 것인가'를 넘어
'왜 이 일을 하는가'를 함께 생각하게 만들기를 바란다.

이 책에는 사례관리의 흐름과 기준,
그리고 실천가의 관점에서 정리한 서식과 문서를 담았다.
단, 여기에 담긴 양식을 반드시 그대로 사용하라는 뜻은 아니다.

실천가는 각자의 시간과 상황 속에서
지금 필요한 것을 선택할 수 있어야 한다.
기록은 실천을 설계하기 위한 도구이지 실천 그 자체는 아니다.

때로는 학생을 마주하는 그 한순간이
어떤 문서보다 깊은 개입이 되기도 한다.

나 역시 실천 현장에서 수많은 학생과 마주했고
그들의 이야기를 곁에서 함께 들으며
일어설 수 있도록 손을 내밀었던 순간들이 있다.
현장은 언제나 정답을 알려주지 않았다.
그럴 때마다 나는 실천가이자 슈퍼바이저로서
무엇을 기준 삼아야 할지 함께 고민했고
스스로도 수없이 방향을 다듬어야 했다.

학생의 눈빛, 교사의 조심스러운 고민,
부모의 말 없는 요청 속에서
작은 단서들을 발견하며 실천의 길을 함께 걸어왔다.
내가 믿는 교육복지는
학생이 위기에서 벗어나 '살아낼 수 있는 삶'을 회복하는 데 있다.
그리고 그 회복의 시작은
실천가의 민감한 감지와 관계의 연결망에서 비롯된다고 믿는다.

그 연결과 감지는
학생에게 필요한 개입의 우선순위와 협력의 방향을 정리하는 실천으로
이어진다.

현장은 언제나 빠른 개입을 원한다.
위험이 감지되는 순간, 곧바로 행동에 나서주기를 바란다.
하지만 실천가는 그 짧은 시간 안에도
무엇을 먼저 판단하고 어디에 중심을 둘 것인지 되묻는 여유를 가져야 한다.
바로 그 여유가 실천의 밀도를 만들어 낸다.

나는 실천가에게 '사유할 여유'가 반드시 필요하다고 생각한다.
생각 없이 움직이는 실천은 실수가 되고
변화의 타이밍을 놓치게 한다.

그래서 이 책은 모든 것을 알려주는 매뉴얼이 아니라
각자의 자리에서 실천을 재구성하고
사유하며 일하는 데 도움이 되기를 바라는 책이다.

바쁜 행정과 감정 사이를 오가며
실천을 이어가는 당신에게
이 책이 작은 동료가 되기를 바란다.

현장을 기록하고 구조를 고민해 온 실천가
박자양

※ 용어 안내

이 책에서는 '교육복지사'와 '실천가'라는 용어를 문맥에 따라 혼용하여 사용했다. '교육복지사'는 제도적 직무 명칭이며, '실천가'는 가치 중심의 개입 태도와 실천 철학을 강조하는 표현이다. 두 용어는 동일한 실천 주체를 지칭하며, 실천의 방향성과 맥락을 보다 명확하게 드러내기 위한 저자의 서술적 선택이다. 또한 지역과 제도(사업명)에 따라 '교육복지사', '지역사회교육전문가', '학교사회복지사' 등의 명칭이 사용되지만, 이해의 통일성을 고려하여 모두 '교육복지사'로 통칭했다.

차 례

제 1 장

교육복지와 학생맞춤통합지원체계의 이해

제1장 교육복지와 학생맞춤 통합지원체계의 이해

제1절. 교육복지의 철학과 흐름

모든 학생은 차별 없이 교육받을 권리가 있다. 교육복지는 이 단순하고도 강력한 믿음에서 출발한다. 학생들이 자라는 환경은 제각기 다르지만 누구도 배움의 기회를 잃어서는 안 된다. 가난하거나 돌봄을 받지 못하거나 감정적으로 어려움을 겪는 학생이라도 학교 안에서는 함께 성장할 수 있어야 한다.

교육복지는 바로 그 기회를 만들어 내는 일이다. 단순한 물질적 지원을 넘어, 학생 한 명의 삶 전체에 개입하는 실천이다. 교육복지는 세 가지 핵심 가치 위에 서 있다. 바로 교육권, 기회의 평등, 사회적 책임이다. 출발선이 다른 학생들에게 결과의 평등까지 보장할 수는 없더라도 기회의 평등만큼은 반드시 보장되어야 한다. 이 책임은 학교나 교사 개인이 감당할 수 있는 몫이 아니다. 국가와 사회 전체가 함께 감당해야 할 공적 책무다.

한국에서 교육복지가 정책 사업으로 등장한 계기는 2003년 교육복지투자우선지역 지원사업의 시범 도입이었다. 사회경제적으로 취약한 지역의 학생에게 교육 기회를 보장하고자 15개교에서 시작한 이 사업은 이후 10년 이상 확장되어 전국 단위로 확대되었다.

사업 초기에는 결식, 학습결손, 문화결핍 등 사회적 약자로 분류된 학생을 대상으로 한 자원 중심 개입이 주를 이루었다. 지원방식은 급식, 방과후학교, 문화체험, 심리치료 등 정해진 항목을 중심으로 모든 학생에게 획일적으로 제공하는 방식이었다. 그러나 시간이 흐르며 교육복지의 필요는 '저소득층' 범주를 넘어 정서적 위기, 가족갈등, 학교부적응, 관계단절 등 더 복잡하고 정성적인 영역으로 확장되기 시작했다.

2010년대 중반 이후, 실천가 중심의 사례관리 기반 개입 구조가 강조되었다. 학생 한 명의 문제는 단일한 원인이 아닌 복합적인 요인—가정환경, 정서상태, 교사와의 관계—에서 비롯된다는 것을 실천가들은 경험으로 체득해 왔다. 정책 역시 통합적 접근, 사례회의 운영, 학교 안팎 협력체계로 발전했다.

서울시는 2010년대 초반부터 자치구별로 지역교육복지센터를 민간위탁 형태로 설립하기 시작했다. 이후 실천가 중심의 개입 구조와 지역자원 연계 기반이 점차 자리 잡았고, 2020년대에는 서울 전역으로 확대되었다.

현장 이야기 '돌봄이 사라진 집에서'

중학교 3학년 수진(가명)은 수학여행을 앞두고 갑작스러운 무단결석을 시작했다. 평소 조용하고 성실하던 학생의 변화에 담임교사와 교육복지사는 함께 가정방문에 나섰다. 식당 운영 실패 이후 부모는 각자의 생계를 위해 집을 떠났고, 수진은 홀로 남겨진 채 컵라면으로 식사를 때우며 밤늦게까지 스마트폰을 사용하는 생활을 반복하고 있었다.

겉으로는 평소와 다르지 않았기에, 결석 이전까지 학교에서 위기 징후를 포착하기는 어려웠다. 교육복지사는 학교 내 정서 지원은 물론, 지역상담센터와 복지

기관을 연계하고, 수업 적응을 위한 교사 간 조정까지 이끌어 냈다. 이 개입은 단순한 등교 독려가 아니라, 학생의 일상을 회복하고 사회적 관계를 다시 세우는 과정이었다.

교육복지의 철학은 바로 이러한 실천 안에서 구체화된다.

오늘날 교육복지는 단지 경제적으로 어려운 학생만을 위한 개입이 아니다. 정서적으로 불안정한 학생, 부모와의 관계가 단절된 학생, 또래와 소통하거나 감정을 조절하는 데 어려움을 겪는 학생 등 위기의 양상은 더욱 복합적이고 다양해졌다. 그럴수록 교육복지사의 역할은 중요해진다. 학생의 하루를 함께 살아가는 동반자, 학교 안팎 자원을 연결하는 조정자, 관계의 틈을 메우는 실천가로서 중심에 서 있어야 한다.

이 책을 읽는 당신이 이미 현장에서 일하고 있는 실천가이든 이 길을 준비 중인 예비 교육복지사이든 다음의 문장을 기억하길 바란다.

"교육복지는 학생의 삶에서 중요한 전환점에 개입할 수 있는 실천의 기회다."

작은 개입처럼 보일 수 있지만, 그 순간이 학생의 삶의 방향을 바꿔놓을 수도 있다. 그 가능성을 믿고 행동하는 실천가의 시간이 곧 교육복지의 역사다.

실천의 출발점은 언제나 '왜 이 일을 하는가'를 되묻는 질문에서 시작된다. 다음 절에서는 그 질문을 제도와 체계의 흐름 안에서 어떻게 실천으로 연결할 수 있을지 살펴본다.

실천가에게 던지는 질문

- 나의 실천에 '교육권과 기회의 평등'이라는 철학이 얼마나 살아 있는가?
- 나는 제도나 행정 중심이 아닌, 학생의 삶에서 출발하는 개입을 하고 있는가?

제2절. 「학생맞춤통합지원법」 제정 배경과 핵심 요약

1. 왜 학생맞춤통합지원법이 필요했는가

그동안 한국 사회는 아동・청소년의 위기를 개별 제도 안에서 분절적으로 다루어 왔다. 정서・행동 문제, 학대, 자살 위험, 학습 부진, 무단결석 등의 위기 상황은 교육청, 보건복지부, 경찰, 민간기관 등 여러 주체가 개입해 왔지만, 공동 개입 기준이나 연계 체계는 법적으로 명확히 정리되지 않았다.

현장에서는 실무자의 관심과 역량에 따라 자발적인 연계가 이루어지기도 했지만 일관성과 지속성이 부족해 담당자가 바뀌면 연계 구조 자체가 흔들리는 경우가 많았다. 그 결과, 위기 징후는 놓치기 쉽고, 개입은 늦어지는 악순환이 반복되었다.

이러한 구조적 문제를 개선하기 위해 '학교를 중심으로 한 통합지원체계를 구축하자'는 공감대가 형성되었고, 2024년 12월 26일 국회 본회의에서 「학생맞춤통합지원법」이 통과되었다. 2025년 1월 21일 법률 공포 이후 본격적인 시행을 위한 준비가 시작되었다.

특히 실천가들이 현장에서 가장 절실하게 요청한 것은 정서・행동 문제 상황에서 보호자의 동의 없이도 학생에게 신속하게 개입할 수 있는 법적 기반이었다. 실제로 보호자의 동의가 지연되면서 개입 타이밍을 놓친 사례가 반복되었고, 이로 인해 현장에서는 무력감을 느끼는 경우도 많았다. 「학생맞춤통합지원법」 최종안에서는 이러한 조항이 제외되어 아쉬움을 남겼지만 다행히 「초・중등교육법」 개정안에 보완적 내용이 반영되었다. 이 개정안은 2026년 3월 1일부터 시행될 예정이며, 보호자가 상담이나 치료 권고에 정당한 사유 없이 응하지 않을 경우 학교장이 전문가의 의견을 근거로 학생에게 필요한 조치를 취할 수 있도록 하고 있다.

이러한 변화는 실천가가 학생의 정서적 회복을 위해 보다 능동적이고 체계적인 판단과 조율을 할 수 있는 기반을 확장한다는 점에서 큰 의미가 있다.

2. 학생맞춤통합지원법 제정 경과

연월일	주요 내용
2022년 5월	학생맞춤통합지원체계 구축이 교육 분야 국정과제로 확정
2022년 12월 28일	사회관계장관회의에서 '학생맞춤통합지원체계 구축 방안' 발표
2023년 초	교육부, 보건복지부, 여성가족부 등 관계 부처 간 협의 진행
2023년~	교육부 주관으로 선도학교 및 시범교육지원청 운영
2024년 12월 26일	국회 본회의에서 「학생맞춤통합지원법」 제정안 통과
2025년 1월 21일	「학생맞춤통합지원법」 법률 공포(법률 제20671호)

2025년 6월	「학생맞춤통합지원법 시행령」 마련
2025년 7월~	「학생맞춤통합지원법 시행규칙」, 시·도 조례 제정
2026년 3월 1일	「학생맞춤통합지원법」 시행

※ 「학생맞춤통합지원법」 전문은 국가법령정보센터(www.law.go.kr)에서 확인할 수 있습니다.

3. 법의 핵심 내용

「학생맞춤통합지원법」은 다음 다섯 가지 핵심 틀로 구성되어 있다.

① 학생 중심 개입

- 행정이 아닌 '학생의 필요'에서 출발한다.
- 사정과 개입 전 과정에 학생의 참여와 동의를 중심에 둔다.

② 학교 기반 통합지원체계

- 학교를 중심으로 교육청, 지방자치단체, 민간 전문기관이 연계·협력하는 구조를 제도화했다.
- 교사, 교육복지사, 전문상담(교)사 등 학교 내 전문 인력의 협업이 핵심이다.

③ 학생맞춤통합지원팀 운영

- 모든 학교에 '학생맞춤통합지원팀'을 구성하여 운영하고, 팀장은 학교장 또는 교감이 맡는다.
- 실무 조정은 교육복지사 등 통합지원조정자가 주도하며, 개입 계획 수립과 사례회의를 통해 다기관 조율을 수행한다.

④ 지원 대상의 확대

- 기존의 저소득층, 결식, 결손 중심의 대상자를 넘어, 정서위기, 가족갈등, 학교부적응 등 복합위기 학생 전반으로 확대되었다.

⑤ 국가와 지방의 책무 명문화

- 통합지원이 일회성 개입에 그치지 않도록 국가와 지방자치단체의 역할과 책임을 법으로 명시했다.

제3절. 교육복지우선지원사업의 흐름과 재편 가능성
: 통합지원 체계 속, 교육복지 실천의 위치를 다시 묻다

1. 교육복지의 시작 : 자원 중심에서 출발한 제도

한국의 교육복지는 2003년 교육복지투자우선지역 지원사업이 시범 도입되면서 제도화의 첫걸음을 내디뎠다. 이 사업은 사회경제적으로 취약한 지역의 학생들에게 교육기회를 보장하자는 취지에서 출발했으며, 이후 전국으로 확대되어 국가 단위의 정책사업으로 자리 잡았다.

초기 교육복지는 자원 제공에 초점을 두고 운영되었다. 결식, 학습결손, 문화결핍 등 기본적인 결손을 중심으로 급식 지원, 방과후학교 운영, 문화체험, 심리치료와 같은 프로그램을 정형화된 방식으로 일괄 제공하는 형태였다. 대상 역시 주로 저소득층 학생으로 한정되어 있었다.

이처럼 교육복지는 결핍된 자원을 채워주는 지원 중심 제도로 시작되었다. 그러나 시간이 흐르면서 학생들의 어려움이 단일한 결핍을 넘어 정서적 위기, 가족 갈등, 학교 부적응, 관계 단절 등 복합적 위기로 드러나기 시작했고, 자원 중심 접근만으로는 대응의 한계에 직면하게 되었다.

2. 전환의 시작 : 실천가 중심의 사례관리 구조로

2010년대 중반 교육복지는 단순한 자원 제공을 넘어 학생의 삶을 구조적으로 이해하고 대응하는 방향으로 전환되었다. 실천가들은 학생 한 명의 문제 뒤에 있는 복합적 요인—가정, 정서, 관계—을 감지하며, 사례관리 중심의 접근이 필요함을 실천으로 증명해 왔다.

이 흐름 속에서 통합적 개입, 사례회의, 학교－지역 간 협력체계가 등장했고, 서울시에서는 자치구 단위로 민간위탁 형태의 지역교육복지센터 설치가 본격화되었다. 2020년대 들어 서울시 전역에 25개 지역교육복지센터가 갖추어지며 지역 중심의 복합 개입 기반이 안정화되었다.

3. 변화의 분기점 : 통합지원체계로의 재편

2024년 「학생맞춤통합지원법」 제정은 교육복지우선지원사업에 구조적 재정비를 요구하고 있다. '학생 중심 통합지원'이라는 방향 아래, 개별 사업 중심에서 다기관 협업 중심으로의 전환이 본격화되고 있다.

그러나 현장의 실천가들은 다음과 같은 혼란을 경험하고 있다.

"이름은 통합인데 실무는 더 복잡해지고 있어요."

"기존 교육복지사업의 정체성은 사라지는 건가요?"

"협력이라기보다는 역할 혼란 같아요."

축적된 실천이 무력화되지는 않을까, 교육복지의 철학이 흐려지지는 않을까 하는 불안은 결코 가볍지 않다.

4. 실천은 사라지지 않는다 : 다시 중심에 설 실천가

이럴수록 더 분명히 말해야 한다. 교육복지는 사업이 아니라 실천이다. 체계가 바뀌고 이름이 달라져도, 학생의 삶을 회복하고 연결하는 실천가의 자리는 여전히 중심에 있다.

실천가는 변화에 휘둘리는 사람이 아니라 변화 속에서 기준을 다시 세우는 사람이다. 지금이야말로 교육복지의 철학을 되짚고 새로운 체계 안에서 실천의 자리를 설계해야 할 시점이다.

이제 우리는 새로운 체계 안에서 실천의 언어와 위치를 다시 정의해야 한다. 다음 절에서는 통합지원체계의 구조 속에서 교육복지 실천이 어디에 놓여 있는지를 살펴본다.

■ 교육복지우선지원사업에서 통합지원체계로의 흐름

구 분	주요 개념	중심 구조
1단계	자원 중심 지원(2000년대 초반)	학교 중심, 제한적 외부 협력
2단계	사례관리 기반 전환(2010년대 중반)	학교와 지역사회 협력 기반 강화
3단계	통합지원체계로의 이행(2025년 법 공포)	법 기반 통합지원팀 운영 중심 구조로 구축 중

제4절. 통합지원체계 개요 : 학교 안팎 협업 구조와 교육복지의 위치

1. 왜 통합지원체계인가

학생의 문제는 더 이상 학교 안에서만 발생하지 않는다. 결식, 자살 위험, 가정폭력, 학교폭력, 또래 관계 단절, 정서불안 등 다양한 위기 상황은 학교 안에서 드러나지만, 그 배경에는 대부분 학교 밖의 요인이 연결되어 있다.

이제는 단일 기관이나 단일 전문가가 감당할 수 없는 문제들이다. 학생의 삶 전반에 개입할 수 있는 다기관 협력 기반 구조, 즉 통합지원체계가 반드시 필요하다.

2. 통합지원체계의 구조

통합지원체계란 학생 한 명의 문제를 학교와 지역사회가 공동의 책임 아래 협력하여 해결하는 구조를 의미한다. 이 구조의 중심은 학교다. 학교는 학생의 일상에 가장 밀접한 공간이자 위기 징후가 처음 감지되고 개입이 시작되는 출발점이다.

학교 안팎의 주요 협력 주체는 다음과 같다.

- 학교장, 담임교사, 전문상담교사, 교육복지사
- 교육지원청, 정신건강복지센터, 드림스타트, 청소년상담복지센터, 아동보호전문기관, 종합사회복지관, 지역교육복지센터(서울) 등 지역 전문기관
- 필요시 보호자, 아동・청소년 관련 민간단체

이 협력 구조는 학교통합지원팀을 중심으로 운영되며, 학교의 위기 대응 체계이자 통합 개입의 실행 틀이 된다.

3. 학교통합지원팀의 역할

「학생맞춤통합지원법」에 따라 모든 학교는 학교통합지원팀을 구성해야 한다. 학교장(교감)이 팀장을 맡고, 교육복지사 또는 전문상담(교)사가 실무 조정자 역할을 수행하며, 필요시 외부 민간기관도 회의에 참여한다.

학교통합지원팀의 주요 기능은 다음과 같다.

- 위기학생 조기 발굴

- 다기관 공동 사정 및 개입계획 수립
- 사례회의 운영 및 경과 점검
- 개입 종결 및 사후관리

다만, 이 기능들의 구체적인 실행 방식은 시·도교육청의 지침, 학교급별 특성, 지역 자원 상황에 따라 일부 차이가 있을 수 있다.

이제 학생 개입은 '누가 책임지는가'를 따지는 일이 아니라 '어떻게 함께 개입할 것인가'를 설계하는 일로 변화하고 있다.

4. 교육복지의 위치 : 단독 개입에서 연결의 실천으로

교육복지사는 통합지원체계 안에서 단순 개입자가 아니다. 이들은 학교와 지역을 연결하고, 사례회의의 관점을 정리하며, 학생의 일상을 회복하는 실천 언어를 설계하는 조정자이자 동반자다.

이제 교육복지는 더 이상 '교육복지 사업'이라는 이름 아래 단독으로 운영되는 개입이 아니다. 학교 안에서 시작되지만, 학교 밖까지 연결되는 조율의 실천이어야 한다. 통합지원체계 안에서 교육복지는 가장 먼저 움직이고, 끝까지 조율하는 실천의 중심에 있어야 한다.

이 변화는 단지 체계의 명칭이 아니라 실천의 방식과 중심을 바꾸고 있다. 교육복지사의 역할 또한 새롭게 정의되고 있다.

■ 교육복지사의 실천 역할 변화

구 분	과거 중심 역할	변화된 역할
개입 방식	정해진 프로그램 운영	학생 중심 개입 설계 및 실행
자원 연계	외부 자원 일방적 연계	학교 안팎 자원을 조정·통합
협력 구조	학교 내 단독 개입	통합지원팀 내 실무 조정자
실천 언어	사업 중심 기록·성과 위주	개입 과정의 흐름과 의미 중심 정리
정체성	교육복지 '사업' 담당자	학교와 지역을 연결하는 실천가·조정자

실천가에게 던지는 질문

- 나는 지금 교육복지를 '사업'이 아닌 '실천'으로 정의하고 있는가?
- 변화된 체계 안에서 나의 실천은 어떤 언어로 설명될 수 있는가?
- 학생맞춤통합지원팀 안에서 나는 무엇을 조정하고, 무엇을 연결하고 있는가?

글쓴이의 생각

처음 교육복지를 시작했을 때 나는 복잡한 이론보다 한 명의 학생을 눈앞에 두고 많이도 망설였다.
이 아이에게 내가 해줄 수 있는 것이 정말 있을까? 너무 늦은 건 아닐까?

누군가의 '결식'이나 '위기'라는 말보다
그 학생이 오늘 하루를 어떻게 버티고 있는지가 더 중요하게 느껴졌다.

제도가 달라지고 법이 생겨도, 실천은 늘 그 학생의 하루에서 출발한다.

나는 이 일을 통해 세상을 바꾸고 싶었던 게 아니라
단 한 명의 학생에게 '누군가는 나를 봐줬다'는 감각을 남기고 싶었다.

교육복지는 바로 그 감각으로 이어지는 실천이다.

제 2 장

교육복지 실천가의 역할과 전문성

제2장 교육복지 실천가의 역할과 전문성

제1장에서 교육복지의 철학과 통합지원체계 속 실천가의 위치 변화를 살펴보았다면, 이제 제2장에서는 그 변화가 실제 실천 안에서 어떻게 구성되고 수행되는가를 살펴보고자 한다.

교육복지사의 실천은 단순한 지원자나 개입자가 아니다. 사례관리자이자 조정자이며, 학교와 지역을 연결하고 자원을 지속적으로 모니터링하는 실행자로서의 전문성이 핵심이다.

이 장에서는 교육복지사의 역할이 학생의 욕구를 중심으로 다기관 자원을 설계하고, 그 흐름을 현장에서 실제로 조정하고 점검하는 실천으로 어떻게 구체화되는지를 중심으로 다룬다.

제1절. 교육복지사의 역할 변화 : 단순 지원자를 넘어 실천적 전문가로

1. '지원자'에서 '조정자'로

교육복지사의 역할은 시대와 정책의 변화에 따라 진화해 왔다. 과거에는 취약계층 학생에게 자원을 연결하고 결핍을 보완하는 지원자로서의 역할이 중심이었다. "도움이 필요한 아이를 돕는 사람"이라는 표현이 익숙했고, 복지의 사각지대를 메우는 실무에 초점이 맞추어져 있었다.

그러나 지금의 교육복지사는 더 이상 단순한 '지원자'가 아니다. 학생의 삶 전체를 통합적으로 이해하고, 학교 안팎의 사람과 자원, 기관을 연결하며, 개입의 흐름을 설계하고 조정하는 실천가로의 전환이 요구된다.

2. 사업 중심에서 사례 중심으로

이 변화는 단순히 업무의 확장을 뜻하지 않는다. 학생을 바라보는 관점 자체가 달라졌음을 의미한다. 과거에는 어려운 상황에 처한 학생에게 적절한 지원을 제공하는 것이 개입의 중심이었다면, 지금은 복합적 어려움 속에서 어떤 변화를 함께 만들어 낼 수 있을지, 그 흐름을 어떻게 설계할 것인지가 실천의 핵심이다.

■ 역할 변화

변화 전		변화 후
• 사업 중심 지원 • 자원 전달자 • 일방적 개입 • 학교 내부 중심 • 행정·실무 수행자	➡	• 사례 중심 개입 • 관계 조율자 • 학생 중심 협력 개입 • 학교-지역 연계 조정자 • 실천적 판단자, 통합계획 수립자

이는 교육복지사가 정해진 프로그램을 전달하던 역할에서 복잡한 관계와 흐름을 설계하는 실천 설계자로 변화했음을 보여준다.

3. 정책 변화가 실천가에게 주는 시사점

「학생맞춤통합지원법」의 제정은 교육복지사의 역할을 법적으로 명확히 규정하지는 않았지만, 학교 안팎에서 실천을 이어가는 교육복지사에게 지금 자신의 위치와 전문성을 다시 설계하라는 질문을 던지고 있다.

이제 교육복지사는 단순한 복지사업 담당자가 아니라 학교통합지원팀의 핵심 구성원이자 학생 중심 개입을 설계하고 실행하는 실천가로 자리매김해야 한다. 학교와 지역, 행정과 민간, 학생과 기관을 연결하며 실천의 흐름을 조정하고 유지하는 중심축이 되어야 할 때다.

제2절. 교육복지사의 사례관리 정체성과 핵심 기능

1. 사례관리는 교육복지 실천의 중심이다

교육복지사의 실천을 말할 때 빠지지 않는 개념이 있다면 바로 '사례관리'다. 단순한 지원, 개별 상담, 프로그램 기획 등 다양한 실무가 있지만, 이 모든 실천을 하나의 흐름으로 잇고 조정하는 중심 축이 바로 사례관리다.

사례관리는 학생 한 명의 삶을 통합적으로 이해하고 지속적으로 관찰하며, 변화의 방향을 함께 설계하는 실천이다. 단순히 정보를 나열하거나 자원을 연결하는 수준이 아니라 학생의 욕구를 중심에 두고 개입의 흐름을 조정하는 일이다.

2. 기록자가 아니라, 설계자이자 판단자

사례관리는 종종 '행정 처리'나 '기록지 작성' 정도로 오해되곤 한다. 그러나 실제 사례관리는 학생의 변화를 위한 개입 설계와 조율의 실천이다. 중요한 것은 '무엇을 지원했는가'가 아니라 '학생의 삶을 어떻게 읽고, 어떤 흐름을 만들어 가려 했는가'이다.

사례관리는 문제 해결을 위한 기술을 포함하지만, 그보다 더 중요한 것은 학생의 상황을 맥락적으로 진단하고, 사정 → 계획 → 개입 → 평가의 흐름을 실천가가 주도하는 일이다.

3. 교육복지사의 사례관리 핵심 기능

교육복지사가 수행하는 사례관리의 핵심 기능은 다음과 같다.

① 정보 통합과 사정

- 학생의 학교생활, 정서 상태, 가정환경 등을 종합적으로 파악
- 단편적인 정보가 아닌, 학생의 이야기와 맥락을 읽는 능력

② 개입 계획 수립

- 학생의 욕구와 목표를 바탕으로 현실적이고 실행 가능한 계획 수립
- 개입 주체와 자원의 조정 구조 포함

③ 조정과 연계

- 학교 내부 구성원, 보호자, 외부 기관과의 역할 조정과 관계 설계
- 중재자이자 실행 설계자로서 실무 중심의 조율 수행

④ 개입 실행과 평가

- 개입 과정 모니터링 및 변화 추적
- 사례회의 운영, 종결 판단, 사후관리까지 전 주기 실행을 담당

4. 자율성과 성찰 역량이 전문성이다

사례관리는 매뉴얼대로만 진행되는 행정이 아니다. 정해진 정답이 없는 상황 속에서 실천가는 무엇을 보고, 어떻게 판단하며, 어떤 흐름을 설계할지를 선택해야 한다. 이 과정은 단순한 기록이나 전달이 아닌, 관계와 자원을

실천적으로 조정하고 책임지는 고도의 전문 실천이다.

교육복지사는 단지 누군가를 도와주는 사람이 아니라 학생의 삶을 다시 설계하고 연결하는 실천가다.

실천가에게 던지는 질문

- 나는 사례관리를 정보 정리나 연계 중심 업무로 다루고 있지는 않은가?
- 학생의 삶을 이해할 때, 어떤 정보를 수집하고, 무엇을 기준으로 판단하고 있는가?
- 나는 사례관리자로서 변화를 설계하고 있는가 아니면 상황을 정리하고 있는가?

제3절. 통합지원팀 내 조정자 역할과 위기 대응

1. 학교통합지원팀, 실무 협력의 중심

「학생맞춤통합지원법」 제정 이후, 학교 현장에서는 학생 개입 방식에 뚜렷한 변화가 일어나고 있다. 그 핵심은 바로 '학교통합지원팀'이다. 이제는 교장(교감), 담임교사, 전문상담교사, 교육복지사, 보건교사, 특수교사 등 다양한 인력이 모여 학생의 문제를 함께 보고, 개입 계획을 수립하고, 필요한 자원을 조정·연계하는 구조가 만들어지고 있다.

그러나 단지 팀이 구성되었다고 해서 개입이 자연스럽게 이루어지는 것은 아니다. 각자의 관점과 우선순위가 다른 상황에서, 실무 중심축이 되는 조정자가 반드시 필요하다. 그 역할을 가장 효과적으로 수행할 수 있는 사람이 바로 교육복지사다.

2. 교육복지사의 조정자 역할, 왜 필요한가

학교통합지원팀은 다양한 전문성과 관점을 가진 구성원으로 이루어져 있다. 그러나 그 다양성이 때로는 혼란의 원인이 되기도 한다.

- 교사는 수업 흐름을 우선하고
- 보건교사는 건강과 응급성을 중시하며
- 전문상담교사는 정서와 관계에 주목하고
- 행정은 예산과 절차를 기준으로 판단한다.

이때 교육복지사는 학생 중심의 관점을 일관되게 유지하면서 각 인력의 역할을 이해시키고 연결하며 설득하고 조율하는 실천 설계자가 되어야 한다. 교육복지사는 정보를 가장 많이 가진 사람이 아니라, 가장 잘 듣고 연결하며 실행을 설계할 수 있는 조정자다.

조정자의 개입은 단지 회의 안건을 정리하는 수준을 넘어선다. 예를 들어, 교사와 보호자 간의 입장 차이가 좁혀지지 않을 때는 양측의 감정과 요구를 정리하고, 공감대를 만들어 가는 과정이 필요하다.

사례회의의 논의 흐름이 분산되거나 책임 주체가 불분명할 때는 의제를 재정리하고, 논의가 학생 중심으로 이어지도록 이끄는 조정 능력이 요구된다.

외부기관과의 협력이 끊기거나 혼선이 발생했을 경우에도 정보 공유 구조를 재정비하고, 각 주체의 역할을 명확히 하는 실천가의 조율력이 필요하다.

3. 조정자의 일상은 '위기'로부터 시작된다

교육복지사는 평상시에도 학생의 개입 흐름을 설계하고 조율하지만, 예고 없이 찾아오는 위기 상황에서는 개입의 시작과 조정의 책임이 더 뚜렷해진다. 학생이 등교하지 않는다, 누군가 자해를 암시한다, 경찰이 학교를 방문한다 — 이런 순간, 교육복지사는 단지 보고받는 사람이 아니라 개입의 시작점을 설계하는 실천가다.

■ 위기 대응 시 교육복지사의 개입 흐름 예시

① **정보 수집** : 사건의 출처와 맥락 파악

② **긴급 개입 판단** : 위급도 판단, 보호자 동의 여부, 기존 기록 확인

③ **지원 자원 확인** : 내부(전문상담교사, 보건교사), 외부(상담센터, 쉼터 등) 연계 가능 자원 정리

④ **협의 및 사례회의** : 긴급할수록 간명한 결정 구조 마련

⑤ **기록과 공유** : 조치 내용을 정리하고, 이후 역할 분담을 명확히 조율

위기 개입에서 중요한 것은 완벽한 해결이 아니라 개입의 흐름을 놓치지 않고 책임 있게 이어가는 실천 태도다.

4. 실천가는 위기 속에서도 구조를 설계하는 사람이다

교육복지사의 개입은 단지 위기 상황을 수습하는 데 그치지 않는다. 혼란의 와중에도 실천가는 늘 다음 질문을 던져야 한다.

- 이 상황 이후, 학생은 어떻게 회복할 수 있을까?
- 학교와 가정, 지역사회는 어떻게 협력할 수 있을까?
- 어떤 자원을, 언제, 누구와 연결해야 할까?

실천가는 갈등 속에서도 연결을 시도하고, 예측 불가능한 상황에서도 구조를 만들어 간다. 그리고 모든 과정에서 학생을 중심에 두는 개입이 지속되도록 흐름을 조율하는 사람이어야 한다.

제4절. 실천가로 성장하기 위한 5가지 핵심역량

1. 실무에서 실천으로

교육복지사는 다양한 업무를 수행한다. 자원을 연계하고, 사례를 기록하고, 회의를 준비하고, 공문을 쓰고, 가정을 방문한다. 하지만 단지 '업무'에 머물러 있다면 이 모든 일은 반복되거나 소진으로 이어질 수 있다.

실천가는 다르다. 같은 일을 하더라도 그 안에서 의미를 발견하고 방향을 설계하며, 변화를 유도한다. 성장을 멈추지 않는 실천가가 되기 위해서는 업무를 넘어서는 내면의 기준과 힘이 필요하다.

2. 실천가에게 필요한 5가지 핵심역량

① 관계의 감각

- 실무는 기술로 할 수 있지만, 실천은 사람과 사람 사이에서 일어난다.
- 교육복지사는 학생, 보호자, 교사, 지역사회 기관 등 다양한 관계를 다룬다.
- 그 속에서 타인의 입장을 이해하고 긴장을 조율하는 능력은 정서적 감각에서 시작된다.

② 판단의 기준

- 상황은 항상 명확하지 않다. 애매함과 충돌 사이에서 실천가는 판단해야 한다.
- 법과 지침도 중요하지만, 궁극적으로는 이 판단이 학생에게 이로운가를 기준으로 삼아야 한다.
- 복잡한 상황일수록 흔들리지 않는 판단의 기준 축이 필요하다.

③ 기록의 역량

- 기록은 단순한 문서작업이 아니라 실천을 정리하고 책임지는 행위다.
- 좋은 기록은 흐름을 만들고, 개입을 이어주며, 팀의 기억을 축적한다.
- '이걸 왜 기록해야 하지?'라는 질문에 스스로 답할 수 있어야 한다.

④ 설계의 시야

- 단기적 대응만으로는 학생의 삶을 바꾸기 어렵다.
- 실천가는 개입을 '점'이 아닌 '선'과 '맥락'과 '흐름'으로 본다.

- 오늘의 개입이 한 달 후, 학기 말, 졸업 이후까지 어떻게 이어질지를 상상하고 설계하는 시야가 필요하다.

⑤ 성찰의 루틴

- 실천은 늘 옳은 선택만으로 이루어지지 않는다.
- 중요한 것은 '그때 왜 그렇게 판단했는가'를 스스로 되짚고 돌아보는 힘이다.
- 교육복지사는 일의 양보다 성찰의 깊이로 성장한다.

실천가에게 던지는 질문

- 나는 반복되는 업무 속에서도 실천의 의미와 방향을 스스로 설계하고 있는가?
- 나만의 실천 기준은 무엇이며, 판단의 순간 어떤 기준에 기대고 있는가?
- 내가 남기는 기록은 단순한 보고인가 아니면 실천을 이어주는 언어인가?

글쓴이의 생각

실천가는 단순히 지시를 따르거나 정해진 업무를 반복하는 사람이 아니다. 현장의 변화를 감지하고 그 안에서 자신만의 기준을 세우고, 조율하며, 설계하고, 돌이켜보는 사람이다.

교육복지는 정책이나 사업의 이름보다, 먼저 학생 곁에서 반응하고 연결하는 사람의 감각으로 시작된다.
학교 안과 밖에서 마주하는 수많은 상황들 속에서

실천가는 "이 개입이 학생에게 진짜 이로울까?"를 가장 먼저 묻는 사람이어야 한다.

기록하는 사람, 흐름을 설계하는 사람, 관계를 이어가는 사람.
나는 그 자리에 있는 교육복지사를 단순한 실행자가 아닌 전문적인 실천가로 기억하고 싶다.

제 3 장
사례관리 실무와 단계별 전략

제3장 사례관리 실무와 단계별 전략

사례관리는 지도처럼 정해진 경로를 따르는 일이 아니다. 학생의 상황에 따라 방향을 조정하고 흐름을 설계해 가는 실천이다. 이 장에서는 각 단계별 실무 적용 포인트와 함께, 현장에서 실천가들이 마주하는 실제 고민과 질문들을 중심으로 정리했다.

제1절. 연결의 시작 : 신호를 읽는 실천

사례관리는 대상자 선정에서 시작되지 않는다. 우리가 만나는 많은 학생들은 '도움이 필요하다'고 말하지 않는다. 대신 수업 시간에 엎드려 있고, 보건실을 자주 찾고, 상담실 앞에서 망설이는 신호를 보낸다. 실천가의 역할은 그 신호에 반응하며 관계의 실마리를 만들어 가는 일이다.

사례관리의 첫 단계를 흔히 '사례 발굴'이라 부른다. 하지만 이 책에서는 그 대신 '연결의 시작'이라는 표현을 사용하고자 한다. '발굴'이 어딘가에 묻혀 있는 무언가를 찾아내는 느낌이라면, '연결'은 학생이 조용히 보내는 신호에 반응하며 관계를 시작하는 실천이기 때문이다.

교육복지사는 누군가를 '선정'하는 사람이 아니다. 아직 말로 표현되지 않은 어려움을 감지하고, 조심스럽게 다가가며 연결을 여는 사람이다. '특이사항 없음'이라는 담임교사의 말 너머에서 어떤 학생은 이미 오래전부터 자신만의 방식으로 도움을 요청하고 있었을지도 모른다.

복지적 개입은 빠르게 움직이는 정보보다, 조용히 감지하는 감각에서 시작된다.

■ 체크포인트

☑ 정해진 명단이 아니라 학생이 보내는 작고 반복적인 변화에 주목하자.

☑ 교실 밖의 복도, 계단, 상담실 앞에서 관찰을 시작하자.

☑ 반복되는 지각, 결석, 무표정, 말 없음 같은 느린 변화에 반응하자.

☑ 담임교사, 보건교사, 상담(교)사 등 생활 관찰자들과 관계를 유지하자.

■ 현장의 한 장면

제2절. 사정 : 정보가 아닌 통찰

사정은 단순히 정보를 수집하는 일이 아니다. 우리는 이미 많은 학생에 대해 너무 많은 정보를 가지고 있다. 출결, 성적, 가정환경, 상담이력까지. 하지만 그 모든 정보를 모아도, 지금 이 순간 왜 이 학생이 힘든지는 보이지 않을 때가 있다.

사정은 보이지 않는 틈을 읽는 실천이다. 질문은 정보를 얻기 위한 도구가 아니라 아이의 세계를 함께 바라보기 위해 건네는 언어다.

교육복지 사례관리에서 사정은 '이 아이가 무엇을 겪었는가'를 파악하는 것을 넘어서 '무엇을 감추고 있는가'에 더 가까이 다가가는 과정이다.

왜냐하면 감추어진 것은 위기 그 자체이기도 하며 동시에 그 아이가 아직 말할 준비가 되지 않은 자원이기도 하기 때문이다. 누군가에게는 그게 수치심일 수 있고, 누군가에게는 아직 꺼내지 못한 고통일 수 있다.

우리가 그 감추어진 조각에 다가서지 못하면 개입은 현실의 맥락을 놓치게 된다. '겪은 일'은 기록에 남아 있지만 '감추는 감정'은 지금도 진행 중이다.

개입은 기록을 향해 움직이지 않는다. 살아 있는 학생을 향해 다가가는 실천이어야 한다. 그래서 실천가는 정보보다 '지금 여기서 그 아이가 어떤 방어를 하고 있는가'를 읽는 사람이어야 한다.

단순히 많이 묻는다고 깊은 사정이 되는 것은 아니다. 진짜 사정은 아이가 대답하지 않는 순간을 어떻게 기다리는가에 달려 있다. 눈동자의 흔들림, 말끝의 멈춤, 표정의 변화에서 "어떻게 지냈어?"라는 질문이 아이 안에서 어떤 울림으로 남았는지를 듣는 것, 그게 바로 사정이다.

■ 체크포인트 & 실천 팁

☑ 질문은 정보를 얻기 위한 도구가 아니라 관계를 여는 언어여야 한다.

- "요즘 수업 시간에 어떤 부분이 제일 어려워?"처럼 구체적이면서도 부담 없는 질문으로 시작한다.

☑ 사정은 학생 개인의 문제가 아닌, 그를 둘러싼 관계와 환경의 구조를 살펴보는 일이다.

- 학교 생활뿐만 아니라, 보호자 부재, 형제관계, 친구와의 갈등까지 연결해서 듣고 상황을 정리한다.

☑ 보호자나 교사의 말만을 그대로 받아들이기보다, 학생의 언어와 몸의 반응을 함께 놓고 균형감 있게 바라본다.

- "원래 조용한 애예요"라는 말만 믿기보다, 회피하는 눈빛이나 손을 꼬는 행동에 주목하자.

☑ 가정, 학교, 또래, 개인 내면의 영역을 조망하듯 질문한다.

- "집에서는 어때?", "요즘 친구들이랑은 잘 지내?"처럼 편한 영역부터 접근한다.

☑ 상담뿐 아니라 일상 속 말과 표정, 몸짓과 시선에서도 단서는 보인다.

- 누구와 어울리는지, 눈을 피하는지, 멈춰 서는 순간은 언제인지, 그냥 지나치지 말고 메모해 두자.

■ 현장의 한 장면

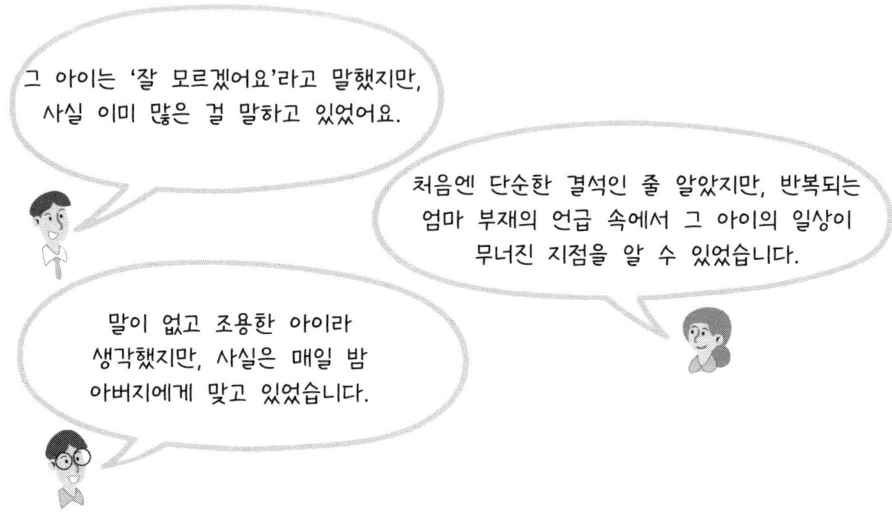

실천가에게 던지는 질문

- 나는 사정을 할 때 정보를 수집하고 있는가 아니면 관계를 읽고 있는가?
- 학생이 대답하지 않을 때 나는 그 침묵을 어떻게 해석하고 있는가?
- 지금 내 기록은 학생의 현실을 따라가고 있는가 아니면 해석 없이 사실만 적고 있는가?

제3절. 계획 : 개입을 설계하다

사정이 끝났다고 해서 개입이 바로 시작되는 것은 아니다. 사정이 '무엇이 문제인가'를 드러내는 과정이었다면, 계획은 '어떻게 개입할 것인가'를 함께 설계하는 단계다.

계획은 단순히 개입 항목을 나열하는 것이 아니다. 학생과 보호자, 교사, 지역 자원이 어떻게 연결되고 조율될 수 있을지를 실현 가능한 단위로 정리하는 일이다. 계획이 구체적일수록 개입은 흔들리지 않는다.

사정에서 드러난 욕구는 대부분 복합적이다. 결석 문제 하나만 해도 정서 불안, 가족 구조, 친구 관계, 학습 부진 등 여러 요인이 얽혀 있을 수 있다. 이럴 때 실천가는 무엇부터, 누구와 함께, 얼마나 자주, 어떻게 도울 것인지를 함께 설계해야 한다.

학생이 가장 힘들어하는 부분부터 시작하고, 개입에 참여하는 각 주체의 역할을 명확히 나누어야 한다. 지원기관, 교사, 보호자와의 합의 없이 수립된 계획은 실행되지 않는다. 사정과 계획 사이의 틈은 곧 실천가 혼자만의 부담으로 되돌아온다.

계획 수립의 핵심은 이것이다 :

학생의 변화 가능성과 실현 가능성 사이에서, 지금 우리가 함께 걸을 수 있는 가장 작고 분명한 '다음 걸음'을 정하는 것!

■ 체크포인트 & 실천 팁

☑ 개입은 욕구가 아니라 우선순위부터 정해야 한다.

- 여러 문제가 얽혀 있어도 학생이 가장 힘들어하는 부분부터 접근한다. (예 등교 거부, 식사 거름 등)

☑ 실현 가능한 계획을 세운다.

- "격주 1회 상담센터 연계, 등교 후 10분 정서안정 활동"처럼 구체적이고 실행 가능한 단위로 쪼갠다.

☑ 개입 주체와 역할을 명확히 분담한다.

- "아침 기상은 보호자, 등교 후 정서안정은 담임교사, 사정 정리는 교육복지사"

☑ 학생의 수용 가능성을 반드시 고려한다.

- 계획은 교육복지사나 보호자의 바람이 아니라 학생의 동의와 현실을 반영해야 한다.

☑ 중간 점검 시기와 평가 방식을 함께 설정한다.

- "1개월 후 통합지원팀 회의", "10회기 후 만족도 간단 설문" 등 구체적 일정을 포함한다.

■ 현장의 한 장면

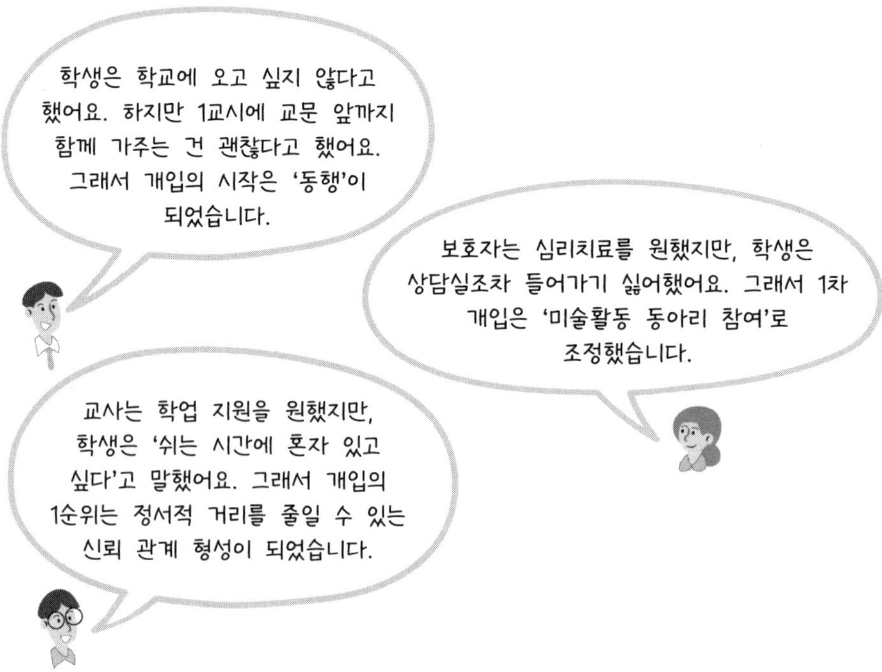

실천가에게 던지는 질문

- 나는 학생이 가장 힘들어하는 지점부터 개입을 설계하고 있는가?
- 이 계획은 누구의 언어로 쓰였는가? 학생의 언어인가, 실무자의 기대인가?
- 학생을 지원하기 위해, 나는 누구와 협력하고 각자의 역할을 어떻게 나누고 있는가?

제4절. 개입 : 작지만 구체적인 변화의 시작

개입은 계획을 현실로 옮기는 일이다. 책상 위 문서에 정리된 계획이 학생의 삶 안에서 실제로 작동하기 시작하는 순간부터 개입은 시작된다. 개입은 크고 눈에 띄는 행동보다 작고 반복적인 일상 속에서 조심스럽게 움직이는 실천이다.

학생이 수업에 한 시간 더 머무는 것, 교실로 들어가기 전 10분을 복도에서 함께 걷는 것, "오늘 어땠어?"라는 질문에 고개를 한 번 끄덕이는 것. 그 작은 변화들이 바로 개입의 현장이다.

개입은 언제나 조율이 필요하다. 학생의 감정, 보호자의 반응, 교사의 기대, 외부기관의 속도까지. 각기 다른 조건 안에서 개입은 계획대로 흘러가기 어렵다. 그럴수록 실천가는 상황을 다시 정리하고 실행 가능하도록 조정해야 한다.

그래서 실천가의 개입은 단순한 '전달'이 아니라 함께 걸어가는 '동행'에 가깝다. 우리는 어떤 서비스를 제공했는가를 체크하기보다 학생의 하루가 어떻게 조금씩 안정되어 가고 있는지를 묻는 사람이어야 한다.

■ 체크포인트 & 실천 팁

☑ 개입은 실행이 아니라 관계다.

- 기관 연계 후에도 학생과 주기적으로 짧은 면담을 이어가며 관계를 유지한다.

☑ '계획대로 되지 않는 상황'은 조정의 시작점이다.

- 심리치료에 대한 저항이 있을 때에는 놀이활동이나 미술처럼 부담 없는 경험을 먼저 제안한다.

☑ 개입 기록은 '실적'이 아니라 '의미의 흐름'을 따라야 한다.

- '센터 연계함'이 아니라 '3회 동행 후 학생이 처음으로 상담실 문을 열었다'처럼 작은 진전의 맥락을 기록한다.

☑ 개입은 학생만이 아니라 환경과의 상호작용이다.

- 담임교사와 학생 간 소통 방식, 보호자의 반응, 교실 내 역할 분담까지 조정 범위에 포함된다.

☑ 조율 없는 단발성 개입은 오히려 신뢰를 해친다.

- 일회성 지원 이후, 지속 가능한 연결 방식과 기대 조정을 함께 안내한다.

■ 현장의 한 장면

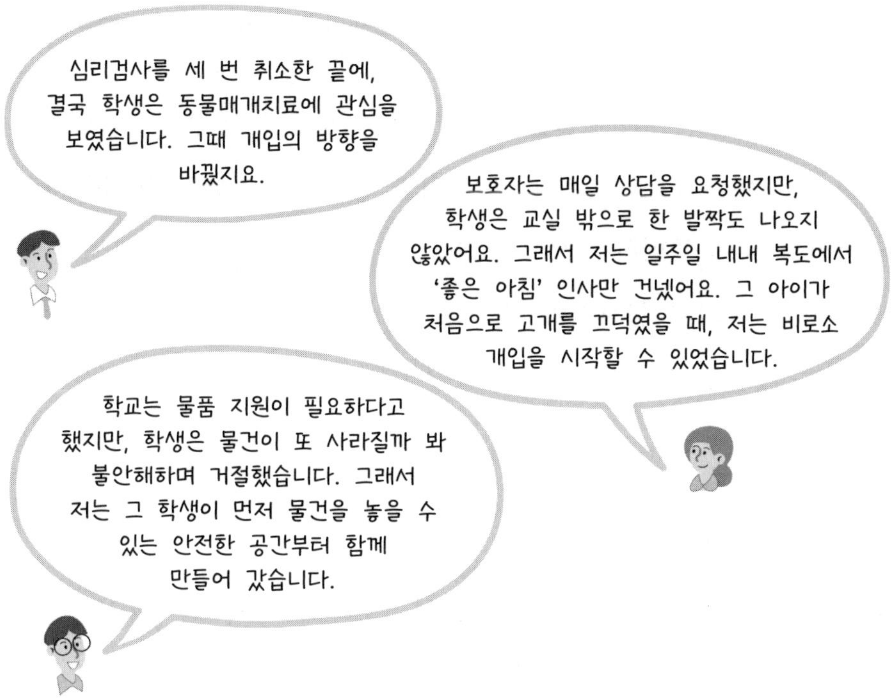

실천가에게 던지는 질문

- 나는 학생과 관계를 만들고 있는가 아니면 지원을 전달하고 있는가?
- 개입이 어긋나는 순간 나는 멈추는가 아니면 방향을 다시 설계하는가?
- 지금 나의 개입은 학생과의 신뢰를 조금씩 쌓아가고 있는가?

제5절. 평가 : 실천을 돌아보고, 다음을 설계하는 시간

사례관리의 마지막 단계는 평가다. 하지만 평가를 단순히 종결을 위한 마무리로 여긴다면 실천의 절반을 놓치게 된다. 개입이 끝났다고 해서 실천이 멈추는 것은 아니다. 평가는 지금까지의 과정을 되돌아보고, 변화의 의미를 정리하며, 이후를 준비하는 시작점이다. '무엇을 했는가'를 나열하는 것이 아니라 학생의 변화와 실천가의 판단을 함께 조망해야 한다.

이 절에서는 평가를 실천 중심으로 구성하기 위한 관점과 작성 기준을 정리한다.

1. 무엇이 달라졌는가 : 학생의 변화와 실천의 의미를 정리한다

좋은 평가는 목표 달성 여부만 확인하는 것이 아니라 개입이 학생의 삶에 어떤 영향을 주었는지를 세심하게 살핀다. 학생의 말, 행동, 표정, 보호자의 반응, 교사의 관찰, 기관의 피드백까지 다양한 시선을 모아, 작은 변화의 맥락을 구체적으로 정리하고 의미를 해석하는 것이 평가다.

- 학생 변화 : 출결, 수업 참여, 감정 반응, 관계 형성, 자기 표현 등
- 보호자 변화 : 양육 태도, 인식 전환, 일상 반응 등
- 교사·기관 피드백 : 관찰된 정서적 변화, 참여 태도, 관계 형성 등
- 실천가의 성찰 : 내가 무엇을 중심에 두고 개입했는가, 다음에는 무엇을 달리할 것인가

- **개입의 흐름 정리** : 성공 지점, 조정이 필요했던 상황, 돌파의 순간들(예 학생이 처음으로 감정을 언어로 표현한 날, 저항이 전환된 순간, 교사의 반응이 긍정으로 바뀐 시점 등)

변화는 수치로만 측정되지 않는다. 상담실 앞에서 머뭇거리던 학생이 문을 열고 들어섰다면, 우리는 그 변화의 과정을 정리하고 그 의미를 묻는 사람이어야 한다.

2. 이후를 설계한다 : 종결은 끝이 아니라 연결의 시작이다

종결은 실천의 마무리가 아니라 다음 실천의 방향을 설계하는 시점이다. 단순히 '시점이 되었기 때문에' 끝내는 것이 아니라 학생이 이후에도 안정적으로 지원받을 수 있도록 실천가는 다음 단계를 준비해야 한다.

- **목표별 성취도 확인** : 계획한 목표 중 어떤 것이 실현되었고, 어떤 과제가 남았는지 정리
- **연계 및 이관 설계** : 방학 중 사례관리, 2차 기관 연결, 후속 모니터링 주체 명확화
- **학생 중심의 다음 단계 설계** : 관계 단절이 아닌 전환으로 느낄 수 있도록 기존 실천가가 일정 기간 후속 연락 또는 기관 간 연결을 직접 조율
  - 개입 종료 전, 다음 주체와 학생이 함께 인사하고 계획을 안내
  - 기존 실천가가 1~2회 동행하거나 후속 기관에 학생 특성을 직접 설명

  - 짧은 연락이나 안부 인사 등을 통해 관계의 연착륙 돕기
- 실천가의 판단 정리 : 이 사례에서 나는 무엇을 배웠는가, 다음에는 어떻게 대응할 것인가

■ 실천 참고 예시 : 평가 작성 시 활용할 수 있는 정리 방식

다음 표는 평가를 정리할 때 참고할 수 있는 기본 항목과 작성 방식이다. 사례의 특성과 개입 흐름에 따라 선택적으로 활용하면 된다.

평가 항목	방법 예시	활용 주체
목표 달성도	목표별 달성 여부를 체크리스트 형태로 정리	교육복지사
아동·보호자 의견	구술 인터뷰 또는 간단한 질문지 활용 (예 '가장 도움이 되었던 점은?' 등)	교육복지사 또는 교사
관계자 의견	사례회의 피드백, 온라인 문답 수렴 등	담임교사, 기관 담당자
사전-사후 비교	출결, 행동변화, 관계 지표 등의 변화 추적	교육복지사, 담임교사

■ 평가 방법 작성 예시

평가 내용은 단순한 결과 정리에 그치지 않고, 실천의 흐름과 의미를 함께 담아야 한다. 다음은 그 구성 방식과 실제 사례 예시이다.

☑ 개입 전후의 변화를 단순 수치보다 학생의 말, 태도, 행동 변화 중심으로 정리한다.

  - 예 "상담실 앞에서 멈추던 학생이, 지금은 먼저 문을 열고 들어온다."

☑ 개입의 흐름과 중단 지점, 성공 요인, 어려웠던 지점을 요약한다.

- 예 "3회기 이후 보호자와의 소통이 끊기며 개입이 지연됨. 이후 학교 안 협력자 재조정으로 회복."

☑ 앞으로의 관리 주체와 연결된 자원을 정리해 다음을 설계한다.

- 예 "방학 중 드림스타트 사례관리로 전환, 2학기 상담은 청소년상담복지센터와 연계 지속."

☑ '어떤 자원이 투입되었는가'보다 '학생에게 어떤 도움이 되었는가'를 중심으로 작성한다.

- 예 "심리상담 연계(10회기) 이후, 학생이 수업 중 감정 폭발 없이 교사 요청에 응답하기 시작함. 감정 표현 방식에 안정감이 생기고, 자기 언어로 상황을 설명하는 시도가 나타남."

이처럼 실천가는 평가를 실천 전체를 조망하고 다음 단계를 계획하는 전환의 도구로 활용해야 한다. 학생의 변화 경험과 실천가의 판단 흐름을 함께 담은 기록은 그 자체로 실천의 깊이를 보여주는 문서가 된다.

실천가에게 던지는 질문

- 지금 내가 기록하는 평가는 학생의 변화를 충분히 담고 있는가?
- 이번 개입에서 내가 발견한 실천의 의미는 무엇이었는가?
- 종결 이후 이 학생의 보호와 성장은 어떻게 이어질 수 있을까?

제6절. 어려운 결정의 순간들
: 기준이 흔들릴 때, 실천가는 무엇으로 판단할 것인가

교육복지사의 하루하루는 판단의 연속이다. 그러나 가장 어려운 판단은 계획을 세우는 순간이 아니라 예상치 못한 상황 앞에서 '지금 무엇을 해야 할까'를 선택해야 하는 순간에 찾아온다. 학생은 털어놓고, 보호자는 부정하고, 교사는 확인을 요구하며, 외부 기관은 정보를 요청한다. 기준이 흐려지고 입장이 충돌할 때, 실천가는 누구의 입장을 먼저 고려하고 무엇을 근거로 판단해야 할까?

이 절에서는 실천가가 현장에서 마주하게 되는 대표적인 판단의 어려움을 네 가지 주제로 정리한다.

① 반복적으로 나타나는 윤리적 딜레마 유형을 정리하고, ② 판단을 정돈할 수 있도록 돕는 4단계 실천 도식을 제안하며, ③ 회의와 기록에서 실천가의 언어와 태도가 드러나는 방식을 짚고, ④ 마지막으로 판단의 확신이 없더라도 망설임을 기록하는 것이 왜 실천이 되는지를 살펴본다.

또한 이 절에는 자원이 부족할 때에도 실천이 가능함을 보여주는 사례와 기준을 함께 담았다. 실천은 지원의 유무가 아니라 지금 이 자리에서 무엇을 할 수 있는지를 묻는 데서 시작되기 때문이다.

1. 윤리적 딜레마 : 말해야 할 것과 지켜야 할 것 사이

중학교 2학년 여학생이 교육복지사에게 최근 자해를 했다고 털어놓았다. 표정은 담담했지만, 팔목의 상처는 생생했다. 학생은 '부모님한테는 말하지 말아달라'고 덧붙였다. 보호자는 평소 무관심했고, 담임교사는 실마리를 찾지 못한 채 우려만 반복하고 있었다. 이때 교육복지사는 이 정보를 어디까지, 누구에게, 어떻게 공유해야 할까?

이처럼 신뢰와 개입, 학생 보호와 관계 유지, 정보 전달과 비밀 보장 사이에서 실천가는 매 순간 저울질을 해야 한다. 판단을 미루면 방임이 되고, 서두르면 신뢰가 무너질 수 있다는 부담 속에서 결정은 쉽지 않다.

■ 이럴 때 교육복지사가 판단을 내리기 위해 스스로에게 던질 수 있는 질문

- 지금 이 정보는 누구의 안전과 직결되는가?
- 학생의 자기결정권과 보호자의 알 권리 중 지금 더 시급한 것은 무엇인가?
- 신뢰를 지키는 것과 보호를 실현하는 것은 반드시 충돌하는가?
- 전달이 필요하다면 어떤 표현과 경로를 선택할 수 있을까?

윤리적 딜레마에는 정답이 없다. 다만, 실천가는 누구의 편도 아닌 학생의 안전을 중심에 두고 책임 있게 판단했는가를 기준으로 삼아야 한다. 그리고 그 망설임과 과정을 문서와 회의에서 투명하게 남기는 일 또한 실천이다.

1) 실천 현장에서 반복되는 윤리적 딜레마 유형 5가지

교육복지사의 하루는 작은 판단의 연속이다. 하지만 그 판단이 언제나 명확한 기준 안에서 이루어지는 것은 아니다. 특히 학생, 교사, 보호자, 지역기관 사이에서 조율자로 역할해야 하는 실천가는 경계선 위에 자주 선다. 다음은 현장에서 반복적으로 등장하는 대표적인 윤리적 딜레마의 유형이다.

① 학생의 정서 고백 vs 보호자의 알 권리

고등학생이 무기력감과 불면을 호소하며 '부모님에게는 절대 말하지 말아 달라'고 요청한다. 보호자는 평소 '게을러서 그런다'며 상담도 거부해 왔다.

- 혼란의 지점 : 학생 보호와 보호자 개입 사이에서 우선순위 결정이 어렵다.

② 교사의 요청 vs 학생의 비공개 요구

담임이 '그 학생 너무 불안정한데 센터에서 뭔가 알고 있나요?'라고 묻는다. 하지만 학생은 '말하지 말아달라'고 당부한 상황이다.

- 혼란의 지점 : 학교 협력과 학생 신뢰 사이에서 조율이 필요하다.

③ 타 기관의 정보 요청 vs 동의되지 않은 정보 제공

정신과 치료 연계를 위해 외부 기관에서 '가정 상황을 공유해 달라'고 요청한다. 그러나 보호자의 정보 제공 동의는 아직 받지 못했다.

- 혼란의 지점 : 협력은 필요한데, 제공 기준이 불분명하다.

④ 기록의 명확성 vs 민감한 정보의 노출 우려

가정폭력이 의심되는 사례를 사정기록에 담아야 한다. '부모가 반복적으로 소리치며 위협함'이라는 내용을 어디까지, 어떻게 쓸 것인가 고민된다.

혼란의 지점 : 사실을 정확히 기록하면서도 불필요한 자극을 피해야 한다.

⑤ 즉각 개입 vs 관계 형성의 시간 확보

초등학생이 '아빠랑 있으면 무서울 때가 있다'고 말했지만, 이후 대화는 단절되었다. 지금 바로 개입해야 할까 아니면 조금 더 기다려야 할까?

혼란의 지점 : 개입 시점을 결정할 근거가 부족할 때의 판단

이 다섯 가지 유형은 정답을 요구하지 않는다. 다만, 실천가는 '이런 상황이 온다'는 사실을 알고 있는 것만으로도 흔들림을 줄일 수 있다. 판단은 결국 '완벽한 확신'이 아니라 준비된 혼란 속에서 내려지는 책임 있는 결정이다.

2) 판단을 정돈하는 4단계 질문 – 윤리적 실천을 위한 도식

윤리적 딜레마는 정답을 고르는 문제가 아니라 판단의 기준을 세우는 과정이다. 실천가는 종종 혼자 판단을 내려야 하는 상황에 놓인다. 주변에 물어볼 수 없고, 누구의 편도 들 수 없으며, 그럼에도 지금 '무언가'를 결정해야 할 때, 필요한 것은 완벽한 해답이 아니라 흔들리지 않도록 나를 붙잡아 주는 생각의 순서다.

다음의 4가지 질문은 실천가가 딜레마 상황에서 자신에게 던질 수 있는 핵심 기준이다. 이 질문들은 단지 고민을 정리하기 위한 틀이 아니라 기록과 회의에서도 실천가의 선택을 설명할 수 있게 돕는 도식이 된다.

■ 윤리적 판단을 위한 4단계 질문

① 지금의 중심은 누구인가?

내가 내리려는 판단의 중심에 있는 대상은 누구인가? 학생인가, 교사인가, 보호자인가, 기관인가?

실천가는 늘 학생을 중심에 둘 수 있어야 한다.

② 가장 시급한 것은 무엇인가?

지금 이 상황에서 가장 늦추지 말아야 할 것은 무엇인가? 정보 전달인가, 정서적 안정인가, 개입의 시점인가?

③ 지금이 가장 적절한 시점인가?

말하거나 행동하지 않는 것이 판단의 유보인지, 실제로 지금이 개입의 적절한 시기인지 점검해야 한다.

실천가는 '지금 개입할 타이밍인가'를 스스로 판단할 수 있어야 한다.

④ 이 판단을 기록할 수 있는가?

내가 내린 결정을 회의록이나 일지에 구체적으로 설명할 수 있는가?

'기록 가능한 판단'만이 책임 있는 판단이다.

이 네 가지 질문은 외워서 따라야 할 공식이 아니다. 실천가가 불확실한 상황에서도 판단의 기준을 구성하고, 그 과정을 설명 가능한 형태로 정리할 수 있도록 돕는 사고의 흐름이다. 이 과정을 스스로 거쳤다면, 완벽한 결론이 아니어도 그 판단은 충동도 회피도 아닌, 성찰에서 비롯된 실천이라 할 수 있다.

다음은 실제 사례에 적용해 본 예시이다.

> **상황**
>
> 고등학생이 가정폭력 상황을 암시하는 말을 했고, 보호자는 '쓸데없이 일을 크게 만들지 말라'고 반응한다. 학교는 개입을 요청했고, 교육복지사는 고민 중이다.
>
> **실천가의 4단계 판단 흐름**
>
> ① 지금의 중심은 누구인가? → 지금 가장 보호가 필요한 대상은 학생이다.
>
> ② 가장 시급한 것은 무엇인가? → 위기의 실체 확인과 학생의 정서적 안정이다.
>
> ③ 지금이 가장 적절한 시점인가? → 학생이 대화에 응하고 있으며, 개입을 수용할 준비가 되어 있다.
>
> ④ 이 판단을 기록할 수 있는가? → 보호자와의 충돌 가능성이 있지만, 개입의 필요성과 기준을 문서와 회의에서 설명할 수 있다.

이처럼 판단은 감정이나 직감이 아닌, 기준 있는 질문을 거쳐 내려져야 한다. 혼란이 있을수록 실천가는 더 구체적인 언어로 스스로의 선택을 정리해야 한다.

3) 기록과 회의 발언은 실천가의 태도를 드러낸다
– 판단을 설명할 수 있는 언어, 책임을 담는 표현

교육복지사는 혼자 판단하고, 함께 조율하며, 그 판단을 기록과 회의 발언을 통해 설명하는 사람이다. 이때 사용하는 언어는 단지 전달 수단이 아니라 실천가가 무엇을 중심에 두고 판단했는지를 드러내는 증거가 된다.

특히 윤리적 딜레마나 민감한 상황일수록 기록과 회의에서의 언어 선택은 실천가의 태도와 기준을 그대로 보여준다. 어떤 단어를 썼는가, 주체를 누구로 두었는가, 맥락을 어떻게 설명했는가에 따라 판단의 의미와 평가가 달라질 수 있다.

① 누구의 시선으로 쓰고 있는가?

기록이나 회의 발언에서 가장 먼저 점검할 것은 '이 문장은 누구의 입장에서 쓰인 것인가?'이다. 실천가가 주체를 드러내지 않으면 판단의 근거가 불명확해지고 오해의 소지가 커진다.

■ 피해야 할 표현 예시

- "보호자가 과하게 예민하게 반응함"
- "아이의 말이 진심인지 확인이 어려움"
- "학교에서 반복적으로 방임 의심 사례로 판단함"
  - 이런 표현은 실천가 본인의 판단처럼 보이지만, 사실은 교사나 보호자의 말 혹은 단편적 관찰일 수 있다.

■ 바람직한 표현 예시

- "보호자는 '병원까지 가는 건 과하다'는 반응을 보임"
- "학생은 '그냥 말한 거예요'라고 하며 당황한 표정을 보임"
- "담임교사는 방임 가능성을 우려하며 외부 연계를 요청함"
  - 판단이 아닌 관찰, 추측이 아닌 맥락, 타인의 발언은 명확히 출처를 밝히는 것이 실천가의 책임 있는 언어다.

② 민감한 정보는 맥락과 함께 정리한다

위기 상황일수록 구체적인 정보 기록이 필요하지만, 너무 직접적인 표현은 2차 노출 위험을 높이거나 관계에 부담을 줄 수 있다. 기록을 줄이는 것이 아니라 맥락을 포함해 표현을 조절하는 것이 핵심이다.

■ 피해야 할 표현 예시

- "자해 흔적 있음"
- "가정폭력 있음"

■ 바람직한 표현 예시

- "학생은 소매를 걷는 것을 꺼렸고, 손목에 상처로 보이는 자국이 관찰됨. 자해 여부는 직접 언급하지 않았으나 정서적 불안이 지속됨."
- "학생은 '집이 무서울 때가 있다'고 표현했으며, 이후 대화에서 위축된 반응이 반복됨."

  ⁘ 사실 기반, 추정은 유보, 정서적 맥락과 함께 기록하는 것이 원칙이다.

③ 회의에서 추정을 사실처럼 말하지 않는다

회의에서는 말 한마디가 곧 기록되고 판단의 기준이 되는 경우가 많다. 실천가는 추정과 사실을 구분해 발언해야 하며, 단정적인 표현을 피하고 관찰 중심 표현을 사용하는 것이 안전하다.

■ 피해야 할 표현 예시

- “이 집은 원래 문제가 많아요.”
- “아이가 원래 감정 기복이 심해요.”
- “분리불안이 있는 것 같아요.”

■ 바람직한 표현 예시

- “최근 감정 반응의 폭이 넓게 나타남.”
- “작년 사례 기록에서도 정서적 어려움이 관찰됨.”
- “보호자와 떨어질 때 불안한 반응을 자주 보임.”

관찰 기반, 기록 근거 중심, 해석보다 묘사에 집중하는 것이 실천가의 기본 태도다.

실천가에게 던지는 질문

- 이 문장을 학생이 직접 읽는다면, 그대로 설명할 수 있는가?
- 이 표현은 나의 감정이 아닌 실제 관찰한 사실에 근거하고 있는가?
- 이 발언은 내가 속한 기관 전체를 대표할 수 있는가?

4) 망설임의 기록도 실천이다

– 완벽한 판단보다, 책임 있는 고민의 흔적을 남기는 일

윤리적 딜레마 앞에서 교육복지사는 언제나 충분하지 않다. 정보는 부족하고, 시간은 촉박하며, 주변은 답을 기다린다. 이럴 때 실천가는 불완전한 조건 속에서 불안정한 한 걸음을 내디뎌야 한다.

그 한 걸음이 실천이 되려면 그것을 책임 있는 언어로 기록하는 일이 필요하다. 기록은 완결된 해답이 아니다. 망설임, 판단의 유보, 개입 시점을 고민한 흔적이 담긴 기록은, 비록 결정이 미완성일지라도 그것 자체가 충분히 실천이 될 수 있다.

■ 망설임을 기록하는 실제 문장 예시

- "이 상황에서 즉시 보호자에게 알릴지 망설여졌으나, 학생의 정서적 저항이 강해 다음 날 교사와 우선 논의하기로 판단함."
- "정보 공유에 앞서 학생의 동의를 받고자 했으나 표현이 어려운 상황이었고, 개입 지연 우려도 함께 고려됨."
- "개입 시점을 지금으로 정한 판단이 맞는지 여전히 고민 중. 다만, 현재 개입이 혼란을 줄 수 있다는 점도 함께 검토됨."

  ⁘ 이처럼 불확실한 결정이라도 고민의 과정을 설명할 수 있다면 그것은 충분히 실천이다.

■ 기록은 혼자의 판단을 동료와 나누는 도구다

망설임을 기록하는 또 하나의 이유는 판단의 무게를 혼자 감당하지 않기 위해서이다. '왜 그렇게 했는가?'라는 질문 앞에서 내가 어떤 고민을 했고 왜 주저했으며, 무엇을 기준으로 선택했는지를 남기는 일은 실천가 자신의 정당성을 지키는 일이기도 하다. 이러한 기록은 이후 회의, 동료 피드백, 슈퍼비전 자리에서 다시 꺼내어 공유되고 재구성되며, 다음 실천의 기준이 되기도 한다.

이처럼 망설임을 기록하고 판단의 근거를 정리하는 일은 실천가의 전문성과 안전을 지키는 과정이다. 그러나 현장의 속도와 판단 압박 속에서 실천가는 자신의 흐름을 되돌아볼 여유를 갖기 어렵다.

다음에 제시하는 **실천가의 윤리적 판단 점검 워크시트**는 실천가가 판단의 중심과 근거를 다시 세우고, 망설였던 지점을 성찰할 수 있도록 돕는 간단한 실천 도구다. 기록할 수 있는 판단은 설명할 수 있는 판단이고, 설명할 수 있는 판단은 곧 실천의 신뢰로 이어진다.

> ※ 이 워크시트는 회의, 슈퍼비전, 일지 작성 전후에 활용할 수 있으며, 모든 항목을 반드시 채워야 하는 것은 아니다. 판단의 복잡함 속에서 '지금 나는 무엇을 중심에 두고 있는가'를 점검하는 데 의미가 있다.

실천가의 윤리적 판단 점검 워크시트

- 목적 : 윤리적 딜레마 상황에서 판단의 기준을 점검하고, 기록과 회의 발언에 앞서 생각을 정돈한다.

1단계 | 지금의 상황은? (☑ 해당되는 항목 모두 체크)

☐ 학생이 민감한 내용을 고백했다

☐ 정보 제공 또는 공유 요청이 있다

☐ 개입 시점 판단이 어렵다

☐ 기록/발언이 부담되거나 조심스럽다

☐ 기타 : (   )

2단계 | 판단의 중심은 누구인가?

☐ 학생 ☐ 보호자 ☐ 교사 ☐ 기관

3단계 | 지금 개입해야 하는 이유는 분명한가?

- 즉각 개입하지 않으면 위험이 커질 수 있는가?
- 지금보다 나중이 더 적절한 시점일 수도 있는가?

4단계 | 기록하고 설명할 수 있는가?

☐ 개입일지나 회의에서 근거를 명확히 설명할 수 있다

☐ 민감한 내용이라면 맥락과 필요성도 함께 담는다

☐ 이 문장은 학생에게 읽어줘도 괜찮은 언어인가?

5단계 | 나의 망설임을 정리해 보자 (직접 작성)

- 가장 고민되었던 지점은?

  ⁘

- 그럼에도 지금 내가 선택한 이유는?

  ⁘

- 이 기록이 나를 보호하고, 동료와 공유될 수 있을까?

  ☐ 그렇다 ☐ 아직 확신 없다

2. 자원이 없을 때 실천이 멈추지 않는 이유
: 실천은 거창한 지원이 아니라 작은 응답에서 시작된다

사례관리에서 자원은 목적이 아니라 수단이다. 자원이 충분할수록 개입의 선택지는 넓어진다. 그러나 교육복지사의 실천이 자원의 유무에만 좌우된다면, 위기 상황에서 실천은 자주 멈춰버리게 된다.

학생의 위기, 정서, 결핍은 기다려 주지 않는다. 상담기관 대기 3개월, 병원 연계 불가, 예산 부족, 인력 부재—이 모든 조건이 채워질 때까지 기다린다면, 실천은 가장 필요한 시점에서 놓치게 된다.

이 절에서는 자원이 없어도 실천이 시작될 수 있는 이유와 방향을 실제 사례와 함께 정리한다. 중요한 것은 무엇이 가능한가가 아니라 무엇을 지금 시작할 수 있는가이다.

1) 자원이 없어도 실천이 시작될 수 있는 이유

자원이 없다고 해서 실천이 불가능한 것은 아니다. 오히려 자원이 부족할수록 실천은 작고 구체적인 움직임으로부터 출발해야 한다.

- 상담기관이 없어도 1회기의 만남은 학생의 고립감을 줄일 수 있다.
- 병원 연계가 막혀도 교내에서 감정을 쉴 수 있는 공간(보건실, 교무실 등)을 설계할 수 있다.
- 예산 지원이 없어도 누군가의 관심과 꾸준한 메시지는 개입의 시작이 된다.

이처럼 실천은 자원을 기다리는 것이 아니라 관계를 만들고 상황을 조율하며 학생의 일상을 변화시키는 움직임이다.

■ 자원이 없을 때 실천가가 할 수 있는 세 가지 질문

① 지금 이 아이에게 가장 필요한 한 가지는 무엇인가?

막연한 위기 감지에서 벗어나 당장의 필요를 구체적으로 묻는다.

(예 끼니인지, 대화인지, 쉴 공간인지 등)

② 내가 지금 가진 것으로 무엇을 할 수 있는가?

연계가 안 되더라도 '관계'에서 실천을 시작할 수 있다.

(예 매주 1회 산책, 정기적 안부 인사, 교사 1명과의 접촉 등)

③ 자원을 기다리기보다 지금 가능한 방식으로 우선 개입을 시작하고 조율할 수 있는 여지는 무엇인가?

학교 안 방과후 수업, 독서실 공간, 선생님과의 티타임 등 숨은 자원을 찾아 조율한다.

2) 실천 사례로 보는 자원이 없는 상황에서의 개입

사례1 지원은 없었지만, 관계는 가능했다

중학교 1학년 남학생. 아버지는 실직, 어머니는 장기 입원 중이었다. 담임은 '그냥 힘든 애예요'라고 말했지만, 교실에서 늘 조용히 엎드려 있던 학생은 쉬는 시간마다 창밖을 멍하니 바라보았다.
교육복지 예산은 이미 소진됐고, 지역사회 기관 연계도 대기 4개월이었다.

교육복지사는 그날 학생에게 카카오톡 오픈채팅으로 '오늘은 어땠어요?'라는 짧은 메시지를 보냈다. 다음 날 학생은 점심시간에 복지사를 찾아왔다.
"선생님이 나한테 진짜 궁금한 게 있었어요?"

사례2 무언가를 주는 게 아니라 들을 수 있었다

고등학교 2학년 여학생. 코로나 이후 등교일수가 줄면서 학습 결손이 누적되었고, 자해를 반복한 흔적도 있었다. 담임은 가정방문이나 병원 연계를 요청했지만, 보호자는 '우리 집은 그럴 형편이 안 된다'며 거절했다.
교육복지사는 병원도, 상담센터도, 공적 지원도 모두 막힌 상황에서 '할 수 있는 일'을 찾아야 했다.
그래서 시작한 건 매주 1회, 15분의 산책. 교내 뒷길을 함께 천천히 걸으며 복지사가 던진 첫 문장은 이것이었다.
"네가 말하고 싶을 때까진 아무 말 안 해도 괜찮아."

사례3 자원이 아니라 나의 개입이 필요했던 순간

초등학생 5학년 아이. 부모 모두 야간근무였고, 이웃과도 거의 접촉 없이 지내는 상황이었다. 아이는 '집에 있는 시간이 제일 싫어요'라고 말했다.
교육복지사는 놀이터, 독서실, 기관 모두 접근할 수 없는 상황에서 '학교 안에서 쉴 수 있는 30분'을 만들어 주기로 했다.
"5교시 끝나면 교무실 옆 상담실에서 혼자 있을 수 있게 해줄게."
아이는 그 공간을 '나만의 장소'라고 불렀고, 어느 날 복지사에게 이렇게 말했다.
"선생님이 그 방 만들어 준 게 요즘 제일 좋은 일이에요."

■ 실천가가 빠지기 쉬운 두 가지 함정

① '지금은 아무것도 할 수 없다'는 무력감

- 자원이 있어야 시작할 수 있다는 믿음은 실천을 멈추게 만든다.
- 교육복지사는 자원이 아니라 학생을 중심에 둔 관계와 설계로부터 시작할 수 있다.

② '지금은 부족하니 나중에 제대로 도와야지'라는 판단 유예

- 완전한 개입만 의미 있다고 여길 때, 지금 가능한 행동을 포기하게 된다.
- 지금의 불완전한 개입이 학생에게는 유일한 연결일 수 있다.

■ 실천가를 위한 작은 실천 예시 7가지

① 아침에 이름 불러주기("잘 왔네 오늘.")

② 쉴 수 있는 공간 30분 제공하기

③ 교사 1명과 주 1회 10분 티타임 요청해 주기

④ 매주 짧은 안부 메시지 작성해 전달하기

⑤ 학생의 관심 활동(그림, 걷기 등) 관찰해 기록 남기기

⑥ 교실 복도에서 '부담 없는 마주침' 1회 만들기

⑦ '누가 이 학생을 걱정하고 있는가' 목록으로 정리해 보기

실천가에게 던지는 질문

- 이 학생에게 '지금 당장' 필요한 한 가지는 무엇인가?
- 내가 가진 것으로 지금 시작할 수 있는 작고 구체적인 실천은 무엇인가?
- 나는 "지금은 자원이 없다"는 말로 개입을 미루고 있지는 않은가?

글쓴이의 생각

자원이 없어도 실천은 시작된다.
실천은 지원이 아니라 관계의 첫 발걸음에서부터 시작되기 때문이다.

다음은 실천가가 자원이 없어도 시작할 수 있는 실천을 떠올릴 수 있도록 구성된 점검 노트이다.

실천가 워크노트

"자원이 없을 때, 내가 시작할 수 있는 오늘의 실천"

1. 지금 내가 만나고 있는 학생은 누구입니까?
   - 이름 또는 간단한 특징 :

2. 이 학생에게 '지금 당장' 필요한 것이 무엇입니까? (해당 항목에 체크)
   - □ 혼자 쉴 수 있는 공간
   - □ 말을 걸어줄 사람
   - □ 반복적인 마주침
   - □ 위급한 개입
   - □ 기타 : ( )

3. 내가 가진 것으로 지금 시작할 수 있는 실천 한 가지는?

4. 이 실천이 의미 있다고 느끼는 이유는 무엇입니까?

5. 내일도 계속할 수 있습니까?

☐ 예 ☐ 모르겠다 ☐ 다른 방법을 찾아보자

※ 워크노트 활용팁

- 이 워크노트는 자원이 부족하거나 개입이 막힐 때, 내가 지금 '시작할 수 있는 실천'을 스스로 점검하고 회복하는 도구이다.
- 회의 준비 전, 개입일지 작성 전, 또는 고민이 많았던 날 퇴근 직전에 간단히 작성해 보면 좋다.
- 기록은 짧아도 괜찮다. 중요한 건 '무엇을 할 수 없는가'보다 '지금 내가 무엇을 할 수 있는가'를 되묻는 것이다.
- 이 워크노트의 내용은 동료와의 슈퍼비전이나 사례회의에서 나눌 수 있는 실천의 기준이 될 수 있다.

제 4 장

학교 안팎을 잇는 교육복지사의 실천 – 개입의 흐름을 설계하는 조정자로서의 자리

제1절 정보 공유에서 실행 설계로 : 학생맞춤통합지원팀 다시 구성하기

제2절 실천가의 조정 역량 : 학교–가정–기관을 연결하는 법

제3절 위기 개입의 흐름 : 혼자 판단하지 않고, 팀이 반응하게 하려면

제4장 학교 안팎을 잇는 교육복지사의 실천

– 개입의 흐름을 설계하는 조정자로서의 자리

사례 개입은 더 이상 한 사람의 판단이나 노력만으로는 해결되기 어렵다. 학생의 어려움은 정서, 행동, 학습, 가정환경 등 복합적 영역에 걸쳐 있으며, 이제는 '한 아이를 중심으로 여러 주체가 함께 개입을 설계하는 구조'가 학교 현장에서 더욱 요구되고 있다.

이러한 흐름 속에서 '학생맞춤통합지원'은 단순한 협력 체계를 넘어 하나의 제도적 기반으로 자리 잡기 시작했다. 관련 법이 공포되며 체계 구축이 제도화 단계로 진입했지만, 실제 실행 체계와 각 주체의 역할은 여전히 구체화되는 중이다. 교육복지사가 그 구조 안에서 어떤 위치를 가질 것인지에 대한 논의도 아직 충분히 정리되지 않았다.

그러나 현장의 흐름은 이미 시작되었다. 일부 지역에서는 교육복지사가 개입의 흐름을 설계하고 관계를 조정하며, 회의를 실행의 자리로 전환하는 실천을 주도하고 있다. 학생 한 사람을 중심에 둔 개입 설계자로서, 교육복지사는 더 이상 부름을 기다리는 조력자가 아니라 협력의 언어를 구성하고 흐름을 조정하는 실천의 촉진자가 되어야 한다는 현장의 감각이 뚜렷해지고 있다.

그럼에도 협력회의는 반복되지만 실행은 흐릿하고, 기관은 연결되었지만 흐름은 분절되는 상황이 여전히 많다. 실천가가 회의에 참여했음에도 무력감을 느끼는 이유다.

이럴 때 교육복지사는 스스로에게 다시 묻게 된다.

- 나는 지금 이 회의에서 무엇을 설계하고 있는가?
- 정보를 나눈 다음, 누가 무엇을 어떻게 실행할 것인가?

관계를 조율하고 자원을 연결하는 이 복잡한 구조 안에서, 교육복지사는 단순한 전달자가 아니라 실천의 설계자이자 조정자이며, 협력의 흐름을 다시 정돈하는 사람이다.

이 장에서는 다음과 같은 질문에 함께 답하고자 한다.

- 학생맞춤통합지원팀 회의가 실제 개입 흐름으로 이어지게 하려면 무엇이 필요할까?
- 교육복지사는 회의에서 어떤 언어를 쓰고, 어떤 태도로 관계를 조정해야 할까?
- 다기관 협력과 자원 연계를 일회성이 아닌 구조로 만들기 위해 무엇을 준비해야 할까?

'개입을 논의하는 사람'에서 '개입의 흐름을 설계하는 사람'으로, 이 장은 학교 안팎을 오가며 실천의 균형을 세우는 교육복지사의 조정 실천을 구체화하는 데에 초점을 둔다.

제1절. 정보 공유에서 실행 설계로 : 학생맞춤통합지원팀 다시 구성하기

학생맞춤통합지원팀은 한 명의 학생을 중심으로 교내외 다양한 주체가 협력해 개입을 구조화하는 학교 내 실천 기반이다. 전문상담교사, 보건교사, 특수교사, 담임교사, 교육복지사 등은 각자의 관점에서 파악한 정보와 경험을 공유하고, 지금 학생에게 필요한 지원이 무엇인지 논의한다.

그러나 회의가 단순한 정보 공유나 기관 배정 절차로만 작동하면 실천은 움직이지 않는다. 개입의 방향, 실행 주체, 구체적 순서가 빠진 회의는 팀으로 존재하되 실천은 부재한 상태로 남는다.

이 절에서는 학생맞춤통합지원팀 회의를 실천가의 시선으로 재구성하고, 교육복지사가 단순한 전달자가 아니라 실천 흐름의 조정자이자 실행을 설계하는 실천가로서 중심을 세우는 방안을 다룬다.

1. 실천가의 시선으로 본 학생맞춤통합지원팀 5단계

학생맞춤통합지원팀은 단지 협력 주체가 모이는 자리가 아니라 한 명의 학생을 중심에 두고 실행 가능한 개입 흐름을 설계하는 구조여야 한다. 각자의 시선으로 정보가 제시되더라도 그 정보들이 구조화되지 않으면 실천은 분절되고 책임은 흐려진다. 교육복지사는 회의 안에서 개입의 맥락을 정리하고, 조율 가능한 흐름으로 재편하는 실천가로서의 역할을 수행해야 한다.

① 발굴과 제안

회의의 시작은 학생 발굴이지만, 실천가에게는 개입 흐름의 기획이 시작되는 시점이다. 교육복지사는 '왜 지금 이 사례를 안건으로 올리는가'를 설명할 수 있어야 하며, 출발 지점을 구조화한 상태로 회의에 참여한다. 이때 개입의 목적과 방향을 선명히 설정하는 것이 이후 흐름을 흔들림 없이 이어가게 만든다.

② 사정과 관찰의 공유

학생에 대한 단편 정보보다는 변화와 맥락을 중심으로 공유해야 한다. 교육복지사는 상태를 기술하기보다 흐름을 해석하고 관찰 기반의 언어로 회의의 정확도를 높인다. 이 공유는 각 참여자가 동일한 이해 기반 위에서 다음 조정을 논의할 수 있도록 만든다.

③ 개입 방향의 조율

회의의 핵심은 실행 가능한 조정이다. '누가, 언제, 무엇을, 어떤 방식으로 개입할 것인가'를 중심에 두고 실천가는 실천 흐름을 구조화한다. 이 조율은 단순 역할 분배가 아니라 학생의 변화에 닿기 위한 개입 구조의 초석이 된다.

④ 실행과 자원 연계

연계는 회의 이후가 아니라 회의 안에서 구체화되어야 한다. 교육복지사는 실제 작동 가능한 자원을 선택하고, 병렬적인 지원이 아닌 하나의 흐름으로 연결한다. 실행을 위한 준비 조건이 갖추어지지 않으면 연계는 흐름이 아니라 분절이 된다. 실천가는 흐름을 조정하는 사람이다.

⑤ 점검과 피드백

실행 이후 회의가 없다면 실천은 일회성에 그친다. 교육복지사는 후속 점검을 통해 개입의 지속성과 변화 단서를 수집하고, 다음 흐름을 예측하며 조정한다. 피드백은 실천을 되짚는 절차이자 다음 흐름을 설계하는 예고다. 실천은 반복되는 점검 안에서 살아 있다.

실천가에게 던지는 질문

- 최근 내가 참여한 회의는 실행 흐름을 조정한 자리였는가 아니면 정보만 나눈 자리였는가?
- 다음 회의에서 내가 구조화하고 싶은 흐름은 무엇인가?

실천가 워크노트

"회의에서는 아무 말도 안 했지만, 내가 실천 흐름을 붙잡은 순간"

1. 내가 흐름을 설계하거나 연결을 제안했던 경험이 있다면, 그때 어떤 근거를 가지고 있었나?

2. 말은 하지 않았지만, 속으로 '개입의 우선순위'를 정리했던 경험은?

3. 다음 회의에서 내가 꼭 제안하거나 붙잡고 싶은 실천 단어 하나는?

※ 워크노트 활용팁

- 회의에서 말은 못 했지만, 개입의 우선순위를 떠올린 순간이 있다면, 이 워크노트로 그 기준을 정리해 보자.
- 회의 전·후에 간단히 작성하면 개입 흐름을 설계하는 감각이 길러진다.
- 짧은 메모도 실천의 기준이 된다. 기록하는 순간, 실천은 시작된다.

2. 사례를 중심으로 회의가 작동하게 하는 조건

학생맞춤통합지원팀 회의는 다양한 시선이 모이는 자리다. 한 사람은 정서 문제를, 다른 사람은 학습 결손을, 또 누군가는 가정환경을 말한다. 각자의 관찰은 모두 의미 있지만 그것이 하나의 사례 흐름으로 연결되지 않는다면 실천은 흩어진 채 끝나버린다.

회의가 실천으로 이어지려면 단순한 정보 나열이 아니라 사례 중심의 흐름 설계가 필요하다. 지금 우리가 이 아이에 대해 왜 논의하고 있는지, 어떤 변화나 위험을 감지했기 때문인지를 분명히 붙잡아야 한다. 교육복지사는 이 흐름의 중심을 놓치지 않도록 회의 안의 언어를 조정하고, 단어가 아닌 방향을 구조화하는 사람이다.

■ 회의가 실천으로 작동하는 3가지 조건

① 사례에는 맥락이 있어야 한다

회의 안건이 '정서불안 있음', '가정 내 갈등'처럼 단정적이고 단편적인 표현에 머무르면 실천 흐름은 멈춘다. '무슨 일이 있었는가?'보다 '지금 무슨 일이 이어지고 있는가?'를 중심에 두어야 한다.

예 '등교는 하나, 교실 입실까지 1시간 이상 걸림', '부모는 연락은 되지만 면담을 반복적으로 회피함'

→ 이런 정보는 개입의 실마리를 제공하고, 회의의 초점을 흐리지 않는다.

② 중심은 학생의 현재에 있어야 한다

회의가 과거 사례 회고로 흘러가면 현재 개입의 시급성을 놓치기 쉽다. '이 아이는 작년에도 힘들었어요'보다는 '최근 2주간 어떤 변화가 있었는가?'를 중심에 두어야 한다. 교육복지사는 지금 이 학생에게 필요한 것이 무엇인지를 현재형 언어로 질문하고, 회의를 현재 중심으로 이끈다.

③ 개입은 '누가, 무엇을, 언제까지'로 구조화되어야 한다

'한번 만나보자', '연계 검토해 보자'는 말은 실행 계획이 아니다. 개입의 흐름은 구체적이고 책임 가능한 구조로 정리되어야 한다.

예 '○○교사가 담임 시간 중 짧게 관계 형성 시도(2주간) → 이후 복지사 상담 연결 여부 판단'

→ 교육복지사는 회의 안에서 이런 실행 언어를 조직하는 실천 통역사 역할을 수행한다.

실천가 워크노트

"사례를 흐름으로 바꾸는 말 한 줄"

1. 오늘 회의에서 내가 실천 흐름으로 다시 표현해 보고 싶은 문장은?

2. 이 학생의 현재를 가장 잘 드러내는 단어 또는 문장은 무엇이었나?

3. 다음 회의에서 내가 먼저 제안하고 싶은 개입 언어는?

※ 워크노트 활용팁

- 회의 후 이 워크노트를 작성하면 정보와 개입을 구분하는 감각을 기를 수 있다.
- 단어 하나라도 흐름을 살리는 방식으로 다시 써보는 훈련이 회의 안에서 나의 역할을 바꾼다.
- '이건 실천의 언어인가?'라고 자문해 보자. 그 순간부터 회의는 달라진다.

3. 팀이 아니라 학생 중심으로 사고하기

학생맞춤통합지원팀은 다양한 구성원이 협력하는 구조지만, 그 협력은 팀의 입장보다 학생 중심을 기준으로 작동해야 한다. 그러나 실제 회의에서는 각자의 역할과 관점이 앞서면서 중심이 흔들리는 일이 자주 발생한다.

교사는 학습, 전문상담교사는 정서, 교육복지사는 가정환경을 말한다. 정보와 제안은 모두 중요하지만, 회의가 '누가 무엇을 맡을까'에만 집중되면 정작 학생은 중심에서 사라진다. 실천 흐름이 주체의 역할 분담 위주로 짜일 때, 팀은 효율적으로 움직일 수 있으나 실천의 본질은 희미해진다.

정말 중요한 질문은 이렇다.

- 지금 이 아이에게 가장 절실한 것은 무엇인가?
- 이 개입은 지금 이 학생에게 정말 필요한가?
- 학생의 하루는 이 회의 이후 무엇이 달라질 수 있는가?

학생 중심의 회의는 '우리가 무엇을 해줄 수 있는가'보다 '학생에게 지금 필요한 것이 무엇인가'에서 출발해야 한다. 역할은 분담하되, 판단의 중심은 학생이어야 한다. 교육복지사는 회의가 역할 조정에 머물지 않고 학생 중심의 개입 흐름으로 이어지도록 질문을 던지고 구조를 조정하는 실천가다.

실천가 워크노트

"이 개입은 정말 학생 중심이었는가"

1. 오늘 회의에서 논의된 개입 중, 내가 가장 망설여졌던 계획은 무엇이었나?

   ⁘

2. 그 개입이 '팀 입장'보다 '학생의 입장'에서 다시 설계되어야 한다면 어떻게 바꿔볼 수 있을까?

   ⁘

3. 다음 회의에서 내가 먼저 던져보고 싶은 질문 한 문장은?

   ⁘

※ 워크노트 활용팁

- 회의 직후, 내가 느낀 '어색했던 개입'이나 '학생과 어긋난 흐름'을 기록해 두면 중심을 되돌릴 수 있는 근거가 된다.
- 역할 분담을 논의할 때일수록 개입의 중심이 누구를 향하고 있었는지를 점검하자.
- 학생이 보이지 않는 순간, 교육복지사는 질문으로 중심을 다시 세워야 한다.

제2절. 실천가의 조정 역량 : 학교-가정-기관을 연결하는 법

회의는 끝났지만 실천은 이제 시작된다. 학생을 둘러싼 상황은 복잡하고, 개입은 단순하지 않다. 말해야 할 때와 말하지 말아야 할 때가 엇갈리고, 연결은 준비되지 않은 관계에서 실패하기도 한다. 누구나 학생을 위한다고 말하지만, 조정되지 않은 흐름은 실천을 흔들고 오히려 관계를 멀게 만든다.

교육복지사는 회의에서 결정된 개입을 그대로 전달하는 사람이 아니다. 이 개입이 지금 가능한가, 학생에게 수용될 수 있는가, 누가 어떤 순서로 실행할 것인가를 판단하고 조정하는 실천가다. 시기가 빠르면 저항이 생기고, 늦으면 놓치는 일이 벌어진다. 보호자의 동의가 빠져도, 교사의 언어가 준비되지 않아도, 실천은 어긋난다. 그 사이에서 중심을 붙잡는 것이 실천가의 조정 역량이다.

이 절에서는 다음과 같은 질문에 함께 답하고자 한다.

- 개입 시점은 어떻게 판단해야 하는가? 지금이 적절한 타이밍인가?
- 회의 이후 실행을 실천가가 어떻게 조율하고 이끌어야 하는가?
- 관계의 온도 차이, 책임 회피, 소극적 동참 같은 현실을 어떻게 넘어설 수 있을까?

개입의 출발은 조정이다. 정보를 전달하기 전에 관계를 설계하고, 기관을 연계하기 전에 학생의 언어를 확인하며, 실천의 흐름을 다시 점검하는 사람이 교육복지사다.

1. 개입 시점은 언제인가 : 언제, 누구에게, 어떻게 말할 것인가

학생 개입은 단순히 기관을 연결한다고 완성되지 않는다. 관계가 준비되지 않은 개입은 실패하거나 오해로 돌아오고, 시기가 어긋난 개입은 도리어 아이의 저항을 키운다. 실천가는 이 민감한 균형 위에서 언제, 누구와, 어떻게 연결할지를 스스로 조정해야 한다.

현장에서는 개입 흐름의 속도를 맞추는 일이 가장 어렵다. 담임은 '이제 좀 알려줘야 하지 않겠어요?'라고 하고, 보호자는 '학교에 말하지 마세요'라고 하고, 기관은 '아직 이 정도로는 못 받아요'라고 말한다. 모두가 옳은 말을 하고 있지만, 누구도 학생의 입장에서 말하고 있지 않다.

실천가는 이 사이에서 중심을 다시 잡아야 한다. 개입의 시기, 순서, 표현 방식은 실천가가 판단해야 한다. 학생의 상태를 파악했다면, 그 다음은 '누구에게, 언제, 무엇을 알릴 것인지'를 구조화해야 한다. 이때 중요한 것은 단순한 '전달'이 아니라 관계와 흐름을 고려한 '조정'이다.

교사에게 말하기 전에 학생의 반응을 고려해야 하고, 기관에 연계하기 전에 가정과의 동의를 설계해야 한다. 모든 관계를 동시에 움직이지 않아도 된다. 지금 어떤 관계부터 조율할지를 선택하는 것이 실천이다.

예를 들어, 보호자가 예민하거나 저항이 크다면 먼저 학생과의 신뢰 관계를 통해 최소한의 정보 정리를 시도할 수 있다. 학교 분위기가 학생을 지켜보는 방향으로 흐르고 있다면, 개입보다는 교사와의 짧은 사전 조율이 먼저다. 반대로 외부 기관 연계가 요청되었지만 학생이 아직 수용 준비가 되어 있지 않다면 시기를 조정하거나 중간 단계 개입을 먼저 설계할 수 있다.

교육복지사는 개입을 중단하거나 연기하는 것도 실천이라는 점을 알고 있어야 한다. 무조건적인 연결이 아니라 지금 연결하는 것이 맞는지를 판단하는 것이 실천가의 역량이다. 조정의 핵심은 모든 관계를 동시에 작동시키는 것이 아니라 학생을 중심에 두고 개입의 흐름을 설계하는 일이다.

이처럼 실천가는 단순히 '지금 연결할까 말까'를 결정하는 사람이 아니다. 연결의 의미와 시점을 따지고 지금 무엇을 고려해야 하는지를 판단하는 사람이다. 모든 관계를 동시에 작동시킬 수 없을 때, 실천가는 우선순위를 조정하고 흐름을 정비하는 기준을 가져야 한다.

다음 체크리스트는 회의 준비, 개입 계획 수립, 실행 직전 점검 등 실천의 여러 순간에 스스로에게 던져야 할 실천가의 기준이다.

실천가를 위한 조정 설계 체크리스트

"조정을 시작하기 전, 실천가의 판단 질문"

1. 이 학생은 지금 누구와의 관계를 가장 어렵게 느끼고 있는가?
2. 개입 주체(교사, 보호자, 기관)는 준비되어 있는가?
3. 이 개입이 학생의 언어로 설명 가능하거나 수용 가능한 방식인가?
4. 지금 연결하기보다, 조율하거나 연기해야 할 이유는 있는가?
5. 내가 이 흐름을 선택한 근거는 무엇이며, 문서로 설명 가능할까?

다음 메모 양식은 실천가가 실천 흐름을 정리하고 개입 전 판단의 근거를 점검하는 데 사용할 수 있는 도구다.

관계 조정형 회의 준비 메모

- 학생명 :
- 사례 요약(현재 상태, 최근 2~3주의 변화) :

- 현재 개입의 주체

  □ 담임교사 □ 보호자 □ 외부기관 □ 학교 내 전문 인력

- 현재 가장 예민하거나 민감한 조정 대상

  □ 학생 □ 보호자 □ 교사 □ 기관

- 개입 흐름 점검

  □ 지금 연결해도 괜찮은 시점인가?

  □ 연기하거나 중간 단계가 필요한가?

  □ 정보 전달 전에 먼저 조율해야 할 내용은?

- 지금 이 상황에서 내가 반드시 점검하고 정리해야 할 핵심 질문은?

2. 교육복지사가 중심이 되는 회의 언어와 조정 기술

실천가는 회의에서 가장 많이 말하는 사람이 아니라 흐름이 흐트러질 때 다시 중심을 잡는 사람이다. 팀 안의 말들이 흩어지지 않도록 실천의 방향을 붙잡고 누군가 침묵할 때 그 사람의 언어를 대신 짚어주는 사람. 그게 교육복지사가 회의 안에서 발휘해야 할 조정 역량이다.

회의는 대부분 말로 이루어진다. 그러나 실천은 단어보다 구조로, 설명보다 연결로 움직인다. 실천가는 '누가 무엇을 할지'만 정리하는 것이 아니라 '왜 그 말이 나왔는지', '그 개입이 누구에게 필요한지', '이 흐름이 다음 행동으로 어떻게 이어질지'를 함께 설계해야 한다.

예를 들어 교사가 '그 아이, 요즘 수업 집중을 전혀 못 해요'라고 말했을 때, 그 말이 단지 관찰 보고로 끝나지 않고, '그럼 담임 선생님 입장에서는 어떤 상황이 가장 걱정되시나요?'처럼 개입의 실마리로 이어질 수 있도록 돕는 질문이 필요하다.

또한 보호자가 '우리는 상담 안 받아요'라고 말할 때, 그 말에 곧바로 반박하기보다는 '아직은 어려우실 수도 있겠네요. 다만 아이가 요즘 이런 반응을 보이고 있어서, 어떤 방식으로든 신호를 보내고 있는 것 같아요'처럼 감각을 담은 언어로 관계의 온도를 바꾸는 것이 필요하다.

실천가의 회의 언어는 요약보다 연결, 설명보다 정리, 설득보다 질문에 가까워야 한다. 그리고 회의 안에서 그 언어가 흐름을 만들어야 한다.

■ 실천가의 조정 기술, 이렇게 말해보자

- "이 학생은 지금 어떤 상태에 있다고 생각하세요?"
  - "최근 며칠 동안 어떤 변화가 있었는지 중심으로 살펴볼 수 있을까요?"
- "그건 교사 영역이라…"
  - "그 역할을 누가 맡는 게 학생에게 가장 자연스러울까요?"
- "연계해 보죠."
  - "지금 시점에 어떤 기관이 개입하면 흐름이 이어질까요?"

■ 질문을 통한 중심 되찾기

- "지금 이 회의에서 가장 중요한 결정은 무엇인가요?"
- "우리가 지금 논의하는 게 이 학생에게 어떤 영향을 줄 수 있을까요?"
- "오늘 회의 이후, 학생의 하루는 어떤 식으로 달라질까요?"

이처럼 실천가는 회의 안에서 실천의 흐름을 조정하고 말의 구조를 연결하는 사람이다. 말보다 방향을, 제안보다 흐름을 설계하는 실천 언어의 중심이 바로 교육복지사다.

실천가에게 던지는 질문

- 오늘 회의에서 내가 개입 흐름을 붙잡기 위해 던진 말은 무엇이었나?
- 발언이 흩어질 때, 내가 흐름을 정리하거나 방향을 제안한 순간이 있었는가?
- 다음 회의에서 학생 중심 흐름을 이끌기 위해 꼭 써보고 싶은 한 문장은 무엇인가?

3. 관계 갈등, 책임 회피, 소극적 동참을 넘는 방법

교육복지사는 학생의 개입을 설계하는 사람이자 관계의 흐름을 조정하는 실천가다. 그러나 현장에서 마주하는 관계는 단순히 협력이 부족한 문제가 아니다. 함께 일하는 이들의 마음의 속도가 다르고, 각자의 기준과 여건이 다르다.

교사는 '지금은 학사 일정이 너무 빡빡해서…'라고 말하며 협조를 유보하고, 보호자는 '학교에는 말하지 마세요'라고 신중한 대응을 요청하며, 외부 기관은 '이 사례는 우리 사업 기준에 아직 부합하지 않아요'라며 수용을 어렵게 한다. 이럴 때 실천가는 책임이 교착된 현장 속에서 학생의 어려움을 중심에 놓고 조율을 시도하지만, 관계는 자꾸 어긋나고 흐름은 멈추기도 한다.

실천은 혼자서는 할 수 없다. 하지만 모두가 함께하지 않는 듯한 순간에도 실천은 멈춰서는 안 된다. 그럴 때 실천가가 붙잡아야 할 것은 합의가 아니라 정리다. 모두를 설득하려 하기보다 지금 누구의 입장이 무엇인지, 누가 어떤 역할을 하겠다고 했는지, 누가 침묵하고 있는지를 명확히 정리하는 것이 먼저다. 그리고 실천가는 다음을 자문해야 한다.

- 지금 이 상황에서 학생에게 가장 필요한 것은 무엇인가?
- 그것을 지금 누가, 어느 위치에서 조금이라도 실행할 수 있는가?

예를 들어 교사와 보호자가 충돌하는 상황이라면, 두 사람을 설득하려 하기보다 그 사이에서 학생에게 닿을 수 있는 작은 실천을 먼저 찾아야 한다. 외부 기관이 연계를 거절했다면 바로 다른 기관을 찾기보다 왜 거절되었는지를 파악하고, 학생의 상태나 개입 시점을 조정할 수 있는지를 점검하는 것이 우선이다.

실천가는 모든 상황을 바꿀 수는 없지만, 흐름이 완전히 끊기지 않도록 작은 실천을 이어갈 수 있어야 한다. 그 실천은 단 하나의 통화, 한 문장의 기록, 한 줄의 메모일 수도 있다. 그러나 그것은 연결의 끈이 되고, 실천의 흐름이 다시 움직이는 기점이 된다. 관계가 엇갈릴 때 실천가는 갈등을 해결하는 사람이 아니라 흐름을 다시 정리하고 연결하는 사람이다.

실천가에게 던지는 질문

- 지금 이 흐름에서 모두가 멈춘 지점은 어디인가?
- 내가 혼자라도 움직일 수 있는 최소한의 실천은 무엇인가?
- 지금 이 상황을 누가 보지 못하고 있는가? 그걸 대신 기록하거나 전달할 수 있는가?

제3절. 위기 개입의 흐름 : 혼자 판단하지 않고, 팀이 반응하게 하려면

학생 개입에서 가장 예측하기 어려운 순간은 위기 상황이다. 자해 흔적, 자살 사고, 가출 암시, 폭력 노출, 극단적 언행 같은 징후는 실천가의 감각을 즉각 자극하고, 신속한 판단과 정밀한 대응을 요구한다.

하지만 이럴 때일수록 실천은 단순하지 않다. 실천가는 빠르게 움직여야 한다는 압박감과 신중하게 접근해야 한다는 책임 사이에서 갈등하고, 결국 혼자 결정하거나 즉시 행동에 나서기도 한다. 그 결과 관계는 단절되고, 팀은 배제되며, 개입은 일회성으로 끝날 위험이 커진다.

위기 상황에서는 속도와 방향이 모두 중요하다. 실천가는 즉각 반응하되 그 개입이 팀의 협력 속에서 이어질 수 있도록 구조를 만들어야 한다. 학생이 보내는 신호를 함께 해석하고, 상황에 맞는 대응의 우선순위와 실행 단계를 팀 내에서 조율하는 것이 관건이다.

이 절에서는 다음과 같은 질문에 함께 답해보고자 한다.

- 위기 징후는 어떻게 발견되고, 누가 먼저 감지해야 하는가?
- 즉흥적 대응과 조율된 대응은 결과적으로 어떤 차이를 만들어 내는가?
- 실천가는 위기 개입의 순서를 어떻게 설명 가능하게 구성할 수 있는가?

학생이 위험할수록 실천가는 혼자 움직이지 않는다. 위기 개입은 즉흥적 반응이 아니라 관계를 보호하고 팀이 함께 작동할 수 있도록 흐름을 조정하는 일이다. 그것이 위기 개입의 출발점이다.

1. 위기 징후 발견 → 개입 설계 → 조정 회의 흐름

위기 개입은 대부분 예고 없이 시작된다. 학생이 자해한 사실을 털어놓거나, SNS에서 자살 암시가 포착되거나, 돌연 등교를 멈추거나, 누군가의 학대 정황이 귀띔처럼 흘러들어올 때, 실천가는 고민한다.

'지금 바로 개입해야 할까? 누구에게 먼저 말해야 할까? 혼자 판단해도 괜찮을까?'

위기는 빠르게 반응하라는 신호이기도 하지만, 동시에 혼자 판단하지 말라는 경고이기도 하다. 실천가는 위기 신호를 감지하는 감각만큼이나 그 신호를 팀이 함께 반응할 수 있도록 정리하고 설계하는 기술이 필요하다.

■ 위기 개입은 다음의 3단계로 구조화할 수 있다

① **징후 발견** : 실천가는 단서를 포착하는 사람이다. 학생의 말투, 언행, 상처, 침묵, 거절, 주변의 소문, 보호자의 변화된 태도 등 뚜렷하지는 않지만 반복되는 불안한 흐름을 가장 먼저 감지한다. 이 감각을 그냥 넘기지 않고 문서화하거나 공유 가능한 언어로 전환하는 것이 시작이다.

② **개입 설계** : 단서를 확인한 뒤 실천가는 동시에 두 가지를 고려한다. 하나는 '이 정보를 누구와 공유할 것인가', 다른 하나는 '이 상황을 누구와 함께 설계할 것인가'이다. 단순 전달이 아니라 팀이 반응할 수 있는 조건을 만드는 일이 필요하다. 이때 중요한 것은 정보 전달이 아니라 개입의 구조화이다.

예 "최근 2주간 자해 징후가 반복됨. 학생은 담임과 보호자에게 말하지 말아달라고 요청함. 보호자는 면담 요청에 응하지 않음. 현재 상담에는 응하지만 심리검사는 거부 중. 교내 연계가 어려워 외부기관 연결 검토 중."

이처럼 구조화된 정보는 회의를 움직이고 개입 흐름을 설계할 수 있게 한다.

③ **조정 회의** : 위기일수록 회의가 모호해져서는 안 된다. 누구의 말이 먼저인지, 어떤 판단이 우선인지, 누가 무엇을 책임질지 흐름을 명확하게 정리해야 한다. 실천가는 이 회의에서 '학생을 위해 지금 이 순서를 선택했다'고 말할 수 있어야 한다.

그 설명은 다음과 같다.

- 왜 지금 담임교사와 먼저 조율했는지
- 왜 외부기관이 아니라 관계 형성을 먼저 택했는지
- 왜 보호자에게 즉시 말하지 않고 팀 의견을 기다렸는지

이러한 설명이 있는 회의는 결정이 선명하고 책임이 분산되지 않으며, 실천이 흔들리지 않는다. 위기 개입은 반응이 아니라 설계다. 실천가는 위기 징후를 혼자 떠안지 않고, 팀이 움직일 수 있도록 정보를 정리하고 흐름을 구성하는 사람이다.

이러한 3단계 흐름을 실천가가 사례 현장에서 구조화해 보기 위해 다음과 같은 개입 정리 메모 양식을 활용할 수 있다.

위기 개입 흐름 정리 메모

■ 학생명 :

■ 위기 징후 요약 : (언제, 어떤 형태로 감지되었는가)

■ 학생의 현재 상태 : (위험 수준, 수용 가능성, 관계 형성 정도 등)

■ 기존 개입 내용 또는 누락 지점 :

■ 현재 조율이 필요한 관계 또는 자원 :

■ 예상 회의 구성

□ 교내 인력 위주 조정

□ 외부기관 연계 중심 설계

□ 보호자 개입 포함

□ 학생 중심 조율(상담, 심리 등)

■ 이 개입 흐름의 핵심 목적

2. 즉흥 개입 vs 조율된 대응의 결과 차이

실천가가 위기 상황에서 흔히 듣게 되는 말은 '지금 바로 해야 해요'다. 하지만 정말 지금이어야 할까?

위기 상황은 즉시 개입을 촉구하지만 '즉시 개입'이 항상 '적절한 개입'은 아니다. 특히 팀과의 조율 없이 서두른 개입은 개입의 순서를 흐트러뜨리고, 관계를 망치며, 학생을 더 위축되게 만들 수 있다.

사례 1. 즉흥 개입의 결과	사례 2. 조율된 대응의 결과
한 중학생이 교육복지사에게 '자살 충동이 있다'고 말한다. 교육복지사는 놀라고, 곧장 담임교사에게 상황을 알린다. 담임교사는 곧바로 학생을 불러 걱정된다는 말을 건네고, 혹시 어떤 일이 있었는지 조심스레 묻는다. 하지만 학생은 준비되지 않은 상황에서 갑작스럽게 호출되자 당황하고, '별일 없어요'라고 얼버무린다. 이후 학생은 교사와 교육복지사 모두에게 거리를 두기 시작한다. ▸ 이 개입은 빠르지만, 교육복지사 혼자만의 판단으로 시작되었고 학생은 '누구에게도 말하지 말아달라'던 자신이 말을 교육복지사가 지키지 않았다고 느낀다. 결국 위기를 벗어나지 못한 채 관계만 끊긴다.	같은 상황에서 실천가는 학생에게 이렇게 말한다. '네가 해준 이야기를 듣고 걱정이 많이 되었어. 그 마음을 혼자 담아두지 않고, 너를 조금 더 잘 도와줄 수 있는 선생님들과 함께 조심스럽게 이야기해 보고 싶어. 너를 당황하게 하거나 마음에 부담이 되지 않도록, 지금 네가 괜찮을 수 있는 방식을 함께 찾아보자.' ▸ 이후 교육복지사는 담임교사, 전문상담교사, 보건교사와 회의를 열고 학생의 특성과 반응을 공유한다. ▸ 며칠간 보건실에서 관찰하며 상담을 병행하는 접근을 설계하고, 보호자 개입은 다음 단계로 유보하되 시기와 언어를 팀이 함께 조정한다. ▸ 이 개입은 느릴 수 있지만 '신뢰 유지', '팀 조율', '학생 수용성 확보'라는 세 가지 조건을 모두 갖춘 구조다.

이 두 사례는 위기 상황에서 실천가의 판단 방식과 개입 순서가 학생과의 관계, 팀의 작동 방식에 어떤 차이를 만들어 내는지를 보여준다.

그러나 실천가는 알고 있으면서도 즉흥 개입에 빠지기 쉽다. 왜일까?

■ 실천가가 즉흥 개입에 빠지기 쉬운 이유

- 위기 상황이 갑자기 발생하면 사람보다 속도에 집중하게 되기 때문
- 지금 안 움직이면 학생이 더 위험해질 것 같은 불안 때문
- 이전에도 반복된 상황이라, 이번에는 빠르게 정리해야 할 것 같다는 압박감 때문

그러나 실천은 조급함에 반응하는 일이 아니다. 실천가는 위기 상황에서도 관계와 순서를 함께 고려하여 학생을 중심에 두고 팀이 반응할 수 있는 구조를 세워야 한다.

즉흥적으로 반응하고 싶은 순간을 지나 조율된 흐름을 설계해 보기 위해 지금까지의 경험을 돌아보며 다음 항목을 따라 스스로 정리해 보자.

실천가 워크노트

"즉흥적 반응이 아닌, 조율된 흐름을 설계하려면"

- 오늘 내가 감지한 위기 신호 중, 가장 빠르게 반응하고 싶었던 장면은?

- 그 상황에서 내가 우선 설계한 공동 개입 흐름의 구성은 무엇이었나?

- 다음 위기 개입에서 내가 지키고 싶은 기준 한 줄

3. '왜 이 순서를 선택했는가?'를 설명할 수 있어야 한다

위기 상황은 언제나 복잡하다. 학생은 불안정하고, 교사는 조심스러우며, 보호자는 방어적이고, 연계 대상 기관은 개입의 타이밍과 방식에 신중하다. 이런 여러 관계 속에서 실천가는 단 하나의 질문을 안고 움직인다.

"지금 이 개입은 이 순서여도 괜찮은가?"

실천가는 직관적으로 알고 있다. 먼저 보호자에게 연락하면 학생이 닫힐 수 있고, 학생의 상태를 고려하지 않으면 교사와의 연계도 흐트러질 수 있으며, 기관 연계를 서두르면 학생이 받아들이지 못하거나 흐름이 단절될 수 있다는 걸.

그러나 '느낌'만으로는 팀을 설득할 수 없다.

회의에서 누군가가 묻는다.

"왜 지금 보호자에게는 말하지 않으려는 거죠?"

"그럼 이 학생은 어디부터 연결해야 하나요?"

그때 실천가는 자신의 판단을 설명할 수 있어야 한다. 단지 '예상'이 아니라 학생의 상태, 관계의 민감성, 개입의 수용 가능성을 종합해서 '지금은 이 순서가 맞다'고 말할 수 있어야 한다. 실천가의 말 한 마디가 팀의 흐름을 바꾼다.

예를 들어 실천가는 이렇게 말할 수 있다.

"학생이 지금 교사와의 관계를 피하고 있는 상태에서
담임이 먼저 개입하면 학생이 더 닫힐 수 있습니다.
그래서 보건실을 통해 일상 관찰을 하면서 상담실 중심의 개입으로
신뢰를 확보하고 그 이후에 담임과의 조율을 제안하려고 합니다."

이 한 줄이 있으면, 팀은 말 없이 따라오는 것이 아니라 함께 설계할 수 있다.

실천가는 학교 안에 있든 학교 밖 기관에 있든, 혼자 판단하는 사람이 아니라 '왜 이 순서를 선택했는가'를 설명하며 팀과 함께 흐름을 만들어 가는 사람이다.

위기 개입의 흐름은 단지 빠르게 움직이는 것이 아니라 왜 그 순서를 선택했는지를 설명할 수 있을 때 실질적인 힘을 가진다. 그 설명이 학생에게 실제로 도움이 되는 흐름을 만들어 내고 있는지를 되짚어보자.

실천가 워크노트

"개입 순서를 설명하는 실천가의 감각"

- 내가 최근 진행한 개입 중, '왜 이 흐름을 택했는지' 회의에서 설명한 순간은?

- 그 설명이 팀을 어떻게 움직이게 했는가? 혹은 내가 흔들렸던 지점은 무엇이었나?

- 앞으로 위기 개입 흐름을 설계할 때, 내가 판단 기준으로 삼고 싶은 문장 한 줄

4. 협력은 구조다 : 학교-센터-기관을 잇는 행정 기반

교육복지는 결국 사람을 연결하는 일이다. 하지만 그 연결이 지속되기 위해서는 감정이나 관계만으로는 충분하지 않다. 협력은 설득보다 구조, 공감보다 절차가 중요해지는 순간이 있다. 특히 학교와 교육복지센터, 외부기관이 함께 개입해야 하는 상황에서는 누가 무엇을 요청하고, 어떤 방식으로 회의하고, 무엇을 남기고, 어떻게 정리하고 유지할 것인가가 협력의 지속 가능성을 결정짓는다. 서류 한 장, 회의 안건 하나, 메일 한 통도 실천의 흐름을 명확하게 정리하거나 그 방향을 세우는 기점이 된다.

이 절에서는 실천가가 협력의 구조를 어떻게 이해하고 설계할 수 있을지를 다룬다. 학교・교육복지센터・지역사회 기관 간 협업 구조의 특성과 실천가의 위치, 협약서, 공문, 회의록 등 문서가 실천 흐름과 연결되는 방식, 회의 안건을 구성하고 다기관 회의를 주재할 때의 설계 포인트, 그리고 무엇보다 네트워크는 연결보다 유지가 어렵다는 점.

협력은 감정이 아니라 구조로 증명된다. 실천가는 관계의 매개자이면서 행정 흐름의 설계자이기도 하다.

1) 학교-교육복지센터-지역사회 기관 협업 구조의 차이점

교육복지 실천은 결코 한 기관 안에서 완결되지 않는다. 학생을 중심으로 개입이 이어지려면 학교, 교육복지센터, 지역사회 기관이 서로 연결되어야 한다. 그러나 각 기관의 구조와 운영방식, 의사결정의 흐름은 다르기 때문에, 실천가가 그 차이를 이해하지 못하면 협력은 종종 어긋난다. 특히 실천가가 학교에 소속된 교육복지사인지 아니면 센터나 외부 기관에 소속되어 학교를 지원하는 실천가인지에 따라 역할의 방식과 접근의 흐름이 달라진다.

① 학교 내부 실천가 : 빠른 반응과 학교 맥락 중심

학교에 소속된 교육복지사는 위기나 개입 요청에 신속하게 대응할 수 있다. 교사와의 일상적 접촉, 생활지도부・학년회의 등 내적 회의 체계에 자연스럽게 접근할 수 있다는 점에서 상황을 감지하고 곧바로 움직이는 실천이 가능하다. 하지만 그만큼 학교 내부 일정, 수업 중심의 우선순위, 교사의 요청에 따라 개입 흐름이 영향을 받기 쉬우며 실천가는 교사나 학교 분위기에

과도하게 민감해질 수 있다. 또한 개입을 교내 자원만으로 해석하거나 해결하려는 경향도 생기기 쉽다.

② 교육복지센터 소속 실천가 : 거리의 감각과 조정자의 위치

학교 밖 지역교육복지센터에 소속된 실천가는 학교와 학생 사이, 혹은 학교와 지역 자원 사이를 연결하는 조정자의 위치에 가깝다. 즉, 교사와 함께 고민하되 때로는 학생의 입장에서 구조를 다시 설계할 수 있고, 학교의 요청을 검토하면서 지역 자원을 유연하게 활용할 수 있다. 그러나 이 위치는 종종 학교 안이 아니기 때문에 생기는 오해와 경계도 동반한다. 정보 접근이 제한되거나, 개입 흐름의 논의에 늦게 참여하게 되는 경우도 있다. 이때 필요한 것은 학교 안에서 움직이는 속도가 아니라 안팎을 연결하는 설계력이다.

③ 지역사회 기관(심리상담기관, 의료기관, 복지기관 등) : 전문성과 개입 조건의 명확성

심리치료, 위기개입, 복지연계 등의 자원을 가진 외부 전문기관은 학생 개입의 지속성과 전문성을 높여주는 중요한 협력 주체이다. 그러나 대부분 개입 조건이 명확하고, 신청 절차, 수용 기준, 기관별 운영 규칙이 있기 때문에 학교나 센터의 개입 속도와 리듬이 다를 수 있다.

실천가는 이 속도 차이를 이해하고 학생과 학교, 기관의 기대를 균형 있게 조율해야 한다. 특히 기관과의 연결이 단순 의뢰가 아니라 실천의 연속 흐름이 되도록 설계하는 것이 중요하다.

구조를 이해하는 것은 협력을 설계하는 일이다. 학교－교육복지센터－지역사회 기관은 모두 학생을 향하고 있지만, 실천의 구조와 리듬은 다르다. 실천가는 각 기관이 움직이는 방식과 말하는 언어를 이해할수록 개입 흐름을 부드럽게 연결하고, 중단 없이 이어가도록 설계할 수 있다.

예를 들어, 중학교에서 학생의 정서불안 문제로 상담기관 연계를 요청했지만, 학교는 부모가 민감해서 말을 꺼내기가 어렵다고 했다. 교육복지센터 실천가는 이 상황을 단순히 보호자 미동의 상태로 전달하지 않고 '현재 학교가 학생을 염려하고 있으나 가정 내 접근에 신중함이 필요한 상황이며, 기관과의 협력 구조를 먼저 설계한 뒤 보호자 조율은 단계적으로 진행하는 것이 바람직하다'고 정리해 전달한다. 이를 바탕으로 상담기관은 비공식 사전 동행의 형태로 초기 면담을 진행하고, 이후 보호자 동의를 자연스럽게 유도할 수 있는 중간 개입을 설계한다. 이처럼 실천가는 학교와 기관의 '가능한 언어'를 연결해 개입을 중단 없이 이어가도록 설계한다.

실천가에게 던지는 질문

- 지금 나는 누구의 흐름에 기준을 두고 판단하고 있는가?
  - □ 교사 요청 중심 □ 학생 상태 중심
  - □ 외부 자원 수용 기준 □ 센터의 개입 전략
- 학교, 교육복지센터, 지역사회 기관 중 어디에서 흐름이 끊기기 쉬운가?
- 그 끊김을 내가 설계로 연결할 수 있는 지점은 어디인가?

2) 협약서, 공문, 회의록 등 실무 문서 작성 시 핵심 포인트

실천가는 문서로도 실천한다. 회의에서 말한 내용이 흐릿하게 사라지지 않게 하려면 공문 한 장, 회의록 한 줄이 실천의 흐름을 정리하고 명확히 보여주는 구조가 되어야 한다. 실무 문서는 단지 형식을 맞추는 게 아니라 '누가, 무엇을, 왜, 언제까지, 어떻게 할 것인가'를 명확히 남기고 실천의 책임과 순서를 정리하는 도구다.

특히 다음 세 가지 문서는 실천가가 개입의 흐름을 구조화할 때 필수이다.

① 협약서 : 협력의 기반을 만드는 문서

협약서는 기관 간 협력의 목적과 역할을 문서화한 공식 약속이다. 한 번 쓰고 서랍에 넣는 것이 아니라 협력 관계의 책임과 권한, 개입 가능성의 범위를 정리하는 공식 기반이다.

좋은 협약서는 다음을 담는다.

- 누구와 무엇을 위해 협력하는가 (공동 목적)
- 어떤 방식으로 연결할 것인가 (의사소통 채널)
- 누가 무엇을 책임질 것인가 (역할과 범위)
- 어떤 경우 협력의 한계는 무엇인가 (책임 선 긋기)

예를 들어, 정서치료기관과의 협약서를 쓸 때 '위기학생 개입 시 기관과의 즉시 연계 가능'이라는 문구만으로는 부족하다. → '정서 위기학생 발견 시 센터를 통해 기관 초기상담 조율 가능, 보호자 동의 및 회신은 기관이 직접 진행' 이런 식으로 문장을 구체화해야 실천 흐름이 막히지 않는다.

② 공문 : 관계를 공식화하는 연결 도구

공문은 단지 요청을 전달하는 수단이 아니라 책임과 흐름을 명확히 기록하는 공식 경로다. 교육복지센터에서 학교로, 학교에서 기관으로, 기관에서 행정기관으로 '누가 누구에게 무엇을 요청하거나 공유하는가'를 명확히 남겨야 한다.

공문은 다음 흐름을 갖추어야 한다.

- 시작 : 어떤 상황에서 이 요청이 나왔는가? (배경 서술)
- 내용 : 무엇을 요청하며, 누가 개입 주체인가? (요청 핵심)
- 후속 : 이 요청 이후의 실천 흐름은 무엇인가? (추진 계획 또는 후속 공유)

예를 들어, 단순히 '○○기관에 학생 개입 요청함'으로 끝나는 것이 아니라 '최근 학교-교육복지센터-보호자 협의를 통해 기관 연계 결정. 개입 이후 중간 피드백 회의는 센터 중심으로 조율 예정' 이렇게 실천의 과정을 구조화하는 문장이 필요하다.

③ 회의록 : 팀이 함께 움직이게 만드는 문장

회의록은 회의의 요약이 아니다. 회의록은 팀의 실천 흐름을 기록하는 구조 문서다.

실천가가 회의록을 정리할 때 중요한 질문은 이것이다.

- 오늘 회의에서 정리된 학생 개입의 흐름은 무엇인가?
- 누가 어떤 역할을 맡고 그 실행 시점은 언제인가?
- 흐름이 끊기지 않도록 다음 회의 또는 점검은 누가 책임지는가?

회의록의 핵심은 정보가 아니라 흐름이다. 예를 들어, '학생 정서불안 심화, 기관 연계 요청함. 센터 개입 예정' → 이건 회의 요약이다.

반면 '학교 측은 학생의 정서불안 지속을 우려하며 기관 개입 필요 제기. 교육복지센터는 보호자 조율 후 ○○기관과 사전 논의 시작 예정. 기관과의 연결 시, 개입 결과는 2주 내 교육복지센터가 학교에 공유 예정' → 이건 회의록이다.

실천가에게 던지는 질문

- 지금 내가 남기는 문서는 실천의 맥락을 담고 있는가?
- 내가 지금 남기려는 문장은, 누구든 읽고 '누가 무엇을 어떻게 했는지'를 이해할 수 있을까?

3) 다기관 회의 주재·기획 시 실천가가 주의할 점

회의는 개입의 출발점이 될 수도 있고, 불신의 시작이 될 수도 있다. 특히 다기관 회의는 각 기관의 논리와 입장이 충돌하기 쉬운 구조다. 각자 중요하다고 여기는 기준이 다르고, 발언의 강도가 조직의 위상과 연결되기도 하며, 누군가는 책임을 회피하려 하고, 누군가는 지나치게 이슈를 확대한다.

이때 실천가는 단순한 조율자가 아니라 회의의 시선을 학생 중심으로 되돌려놓는 사람이어야 한다.

■ 실천가가 회의 안에서 중심을 세우는 질문들

- 이 회의의 목적은 누구를 위해 무엇을 결정하는 데 있는가?
- 어떤 정보는 드러나고 어떤 정보는 감추어지고 있는가?
- 현재 이야기의 흐름은 실제 개입 흐름과 맞물려 있는가?
- 가장 침묵하고 있는 사람은 누구이며 그 사람은 어떤 역할을 맡고 있는가?

이런 질문은 회의가 단순 정보 나열이나 책임이 모호해지는 방향으로 흘러가지 않도록 실천 흐름과 역할을 분명히 정리하기 위해 실천가가 갖추어야 할 관점이다.

■ 회의 설계는 실천 흐름의 순서를 만드는 일

회의 안건을 구성할 때는 '① 현재 상황 정리 → ② 사전 개입 흐름 요약 → ③ 필요한 논의 지점 제시 → ④ 역할 배분과 후속 계획 확인'이라는 순서를 실천가가 스스로 정리해 두어야 한다.

예를 들어, 다음과 같은 문장으로 회의를 여는 것이 실천적이다.

"이 학생의 최근 4주간의 변화는 세 가지입니다.
보호자와의 면담은 아직 조율되지 않았고, 학교에서는 정서지원이
필요한 것으로 판단하고 있습니다.
오늘 회의에서 우리가 함께 정해야 할 건 두 가지입니다.
첫째, 어떤 방식으로 보호자와 조율할 것인가.
둘째, 기관 연계를 지금 어느 수준까지 진행할 수 있는가입니다."

이처럼 회의를 실천 흐름의 순서로 구성하면 참여자 모두가 개입의 어디쯤에 있는지를 파악하고 책임 있게 연결되기 쉬워진다.

■ 실천가는 회의에서 가장 많이 말하는 사람일 필요는 없다

하지만 실천을 정리해 주는 사람이어야 한다. 회의가 끝났을 때 사람들이 남긴 말보다 '오늘 우리가 정한 실천 흐름이 이것입니다'라고 마지막에 정리해 주는 사람. 그 사람이 실천가다.

4) 네트워크는 맺는 것이 아니라 유지하는 것

한 번 회의했다고, 한 장 협약서 썼다고 협력이 이어지지는 않는다. 교육복지 실천에서 관계는 연결보다 유지가 어렵고, 연계보다 반복이 중요하다. 처음엔 좋은 취지로 시작된 협력도 '이제는 바쁘다', '이번엔 사정이 어렵다', '그 담당자가 퇴사했다' 같은 말들 속에서 금세 흐릿해지고 멀어질 수 있다.

이때 실천가는 '이번에도 연결할 수 있을까?'보다, '이 관계가 지금 실천 과정 안에서 실제로 작동하고 있는가?'를 먼저 점검해야 한다.

■ 관계는 기억될 때 유지된다

협약보다 강력한 건 '작년에 같이 잘했던 거 기억하세요?'라는 문장이다. 서류가 아니라 기억으로 관계를 회복할 수 있는 실천가는 그만큼 관계의 맥락을 기록하고 되짚을 수 있는 사람이다. 기록되지 않은 관계는 반복되지 않고, 반복되지 않는 협력은 흐름을 만들지 못한다. 실천가는 연계가 성사된

순간만 기록하는 게 아니라 그 이전의 논의, 요청, 조율, 이후의 피드백까지 흐름 전체를 문서화하는 감각을 가져야 한다.

■ 관계는 대등할 때 지속된다

학교나 교육복지센터가 요청하면 기관은 응해주는 구조로만 협력이 유지되지는 않는다. 관계의 언어가 일방적이면 협력은 요청이 아닌 의무가 된다. 기관과의 네트워크를 유지하려면 상호 피드백, 결과 공유, 실천에 대한 존중이 필요하다.

예를 들어, 기관에 연계한 뒤 실천가가 '요청 후 어떻게 되었는지 확인 전화도 없더라'는 소리를 들었다면 그 관계는 다음 개입에서 주저함으로 바뀔 수 있다. 연계 이후에 결과를 공유하고, '이번에도 도움 주셔서 잘 풀렸습니다'라는 짧은 피드백 한 줄이 네트워크 유지의 출발점이다.

■ 관계는 흐름 안에서만 살아 있다

연계를 많이 한 기관보다는 정기적으로 소통한 기관이 실천 흐름 안에 살아 있다. 예를 들어, 실천가는 분기마다 한 번 '올해 연결된 사례 중 성과 있었던 개입 함께 돌아보기'라는 취지로 기관-교육복지센터 실무자 간 비공식 사례나눔 회의를 주최할 수 있다. 연계는 업무지만 네트워크는 문화다. 그 문화는 누가 주도할까? 바로 실천가다.

실천가에게 던지는 질문

- 나는 지금, 연결된 관계를 어떻게 살아 있는 협력으로 유지하고 있는가?
- 연계는 기억되는데, 관계는 잊히고 있지는 않은가?
- 다음 협력이 더 유연해지도록 지금 내가 먼저 할 수 있는 연결은 무엇인가?

글쓴이의 생각

협력은 문서로 맺고, 반복으로 유지된다. 실천가는 그 반복을 기획하는 사람이다.

제 5 장 실무에 바로 쓰는 서식 도구

제5장 실무에 바로 쓰는 서식 도구

실천은 기록에서 시작된다. 아무리 뛰어난 관찰과 통찰이 있어도 그것이 정리되지 않으면 실천은 이어지지 않는다. 기록은 단지 남기는 것이 아니라 흐름을 설계하고 실천을 연결하는 구조다. 학생을 바라보는 관점, 개입의 우선순위, 회의에서 나눈 판단과 역할까지. 기록되어야 다음 개입이 가능하고, 팀의 실천이 하나의 흐름으로 작동할 수 있다. 하지만 현장에서는 늘 시간이 부족하고, 양식은 있어도 흐름을 따라가기 어렵거나 실제 개입 단계와 맞지 않아 오히려 실천을 방해할 때도 있다.

이 장은 앞 장들에서 설명한 실천 흐름과 전략을 바탕으로 그 내용을 실제 현장에서 적용할 수 있도록 정리한 실무형 서식 모음이다. 즉, 각 장에서 다룬 사례 발굴, 사정, 계획, 개입, 회의, 평가 등의 원칙과 내용을 구체적인 기록 양식으로 구현한 구조다. 독자가 이미 알고 있는 흐름이 반복되는 듯 보일 수 있으나, 이 장에서는 그 흐름을 실천가가 실제 작성하고 실행을 설계할 수 있도록 도와주는 양식과 문서 구성 항목을 중심으로 구성하였다.

사례 발굴, 개입 계획, 회의 정리, 기관 연계, 연간 업무 캘린더, 보고 문서까지. 이 장에 수록된 양식은 지금 현장에서 바로 꺼내 쓸 수 있으며, 기록을 통해 실천을 더 깊고 단단하게 만들어 줄 도구들이다.

실천의 감각은 기록의 감각에서 자란다. 기록을 바꾸면 실천이 바뀌고, 양식을 정비하면 흐름이 정돈된다. 기록은 실천의 끝이 아니라 시작이다. 좋은 기록은 실천가의 다음 행동을 설계한다.

> ※ 이 장에 수록한 서식 예시는 완성된 양식이 아니다. 실천 흐름에 맞춰 쓸 수 있도록 구성 항목을 제시한 것으로, 실천가는 자신의 환경과 대상에 맞게 유연하게 재구성해 사용하길 바란다.

제1절. 사례 발굴과 사정에 쓰는 양식

학생과 처음 만나는 장면은 단순한 접촉이 아니라 실천의 시작이다. 실천가는 말보다 먼저 표정을 살피고 그 변화가 어떤 상황에서 비롯되었는지를 함께 살핀다. 그리고 속으로 묻는다.

'이 학생에게 지금 필요한 건 무엇일까?'
'어떻게 개입을 시작해야 흐름이 자연스럽게 이어질까?'

이 질문은 곧 사정의 시작이며, 사정은 기록에서 시작된다. 양식은 단지 정보를 채우는 틀이 아니라 실천가가 혼자 판단하지 않도록 흐름을 정리해 주는 구조다. 이 절에서는 실천가의 업무 환경에 따라 ① 학교 기반 교육복지사를 위한 양식과 ② 학교 밖 교육복지사(교육복지센터 소속 실천가)를 위한 양식을 나누어 제시한다. 모든 양식은 정보 수집이 아니라 실천 흐름 설계를 위한 도구로 구성되었다.

1. 학교 기반 교육복지사를 위한 발굴 · 사정 양식

학교 기반 실천가는 일상적으로 교사와 접촉하고, 학생의 변화와 징후를 빠르게 포착할 수 있는 위치에 있다. 따라서 관찰 기반의 체크리스트와 초기 상담 내용을 정리할 수 있는 기록지가 필수적이다.

서식 1 | 사례 발굴 체크리스트(교사 협업용)

■ 목적 : 담임교사 또는 교내 인력과 함께 학생의 변화 징후나 위험 신호를 빠르게 파악하고, 사례로 발굴할 수 있도록 돕는 도구

■ 주요 항목

- 관찰 시기 / 관찰자 / 교사명
- 최근 2~4주간 관찰된 주요 변화(중복 선택 가능)

  □ 등교 불규칙(결석, 지각 반복)

  □ 수업 중 무반응 또는 산만함

  □ 또래와의 단절, 반복적인 갈등

  □ 이유 없는 눈물, 감정 기복

  □ 식사량, 체중, 수면 습관의 급격한 변화

  □ 자해 흔적 또는 위협적인 언어

  □ 교사의 우려 표현 : "뭔가 이상해요" / "혼자 있는 시간이 많아졌어요" 등

※ 실천가 참고

- 해당 변화가 일시적 반응인지, 반복적 위험인지 구분
- 2명 이상의 교직원에게서 유사한 우려가 있다면 사례 회의 고려
- 해석보다는 교사 발언 그대로 메모

서식 2 | 초기 사정 기록지(면담 요약 중심)

■ 목적 : 사례 발굴 이후, 실천가가 학생과 접촉하면서 얻게 된 초기 정보와 관찰 내용을 개입 흐름에 맞게 정리하는 양식

■ 구성 항목

- 학생 기본 정보(이름 / 학년 / 보호자 / 거주형태)
- 면담 상황 요약(언제 / 어떻게 만났는가?)
- 학생의 표현(직접 인용 또는 요약)
- 실천가의 초기 관찰 : 표정, 말투, 반응, 몸짓
- 긴급성 판단 : □ 낮음 □ 중간 □ 높음
- 주요 개입 고려 사항 : □ 정서 □ 가정 □ 학습 □ 또래 □ 기타

서식 3 | 학생 욕구 및 수용 가능성 점검지

■ 목적 : 개입 계획 전, 학생의 욕구와 개입 수용 상태를 간단히 점검

■ 질문 예시

- 학생이 표현한 최근의 불편함 또는 바람은?
- 지금 가장 필요해 보이는 지원은 무엇인가?
- 개입을 받아들일 준비 상태는?
  □ 적극적임 □ 수용적임 □ 거부감 있음
- 개입 설계 시 고려해야 할 제한 요인은?

2. 학교 밖 교육복지사를 위한 발굴·사정 양식(교육복지센터 소속 실천가용)

학교 밖 실천가는 학생을 일상적으로 관찰하기 어려운 위치에 있다. 대부분 학교로부터 의뢰를 받고 일정한 시점에 학생을 처음 만난다. 이때 필요한 것은 빠르게 관계를 열 수 있는 질문과 실천 흐름을 구성할 수 있는 정보 정리다.

서식 1 | 센터용 초기 면담지(관계 형성+정보 탐색형)

- 목적 : 의뢰받은 학생을 처음 만났을 때, 관계 형성과 정보 탐색을 동시에 진행할 수 있는 대화 기반 기록 도구

- 질문 예시
  - 요즘 제일 피곤한 게 뭐야?
  - 학교생활 중 가장 신경 쓰이는 일은?
  - 누군가가 너를 좀 더 도와줬으면 좋겠다고 느낀 순간이 있었니?
  - 이 만남이 불편하진 않니?

서식 2 | 기초 환경 및 개입 조건 점검지(외부 연계 고려용)

■ 목적 : 면담 이후 개입 흐름을 설계하거나 기관 연계를 고려할 때, 학생의 상황과 조건을 간략히 정리하는 도구

■ 항목 예시

- 보호자 정보 및 조율 가능성
- 최근 3개월 내 가정환경 변화(이사, 경제 위기, 갈등 등)
- 연계된 기관 여부(있다면 중복 여부 확인)
- 학생의 개입 수용도 : □ 낮음 □ 보통 □ 수용적
- 개입 설계 시 유의사항(보호자 거부감, 학생의 신뢰 문제 등)

※ 실천가 사용 팁(공통)

- 기록을 위한 기록이 아니라 개입 흐름을 설계하기 위한 정리로 쓸 것
- 면담 직후 바로 정리하지 못했더라도 그날의 언어와 감정을 가능한 한 빠르게 기록
- 중요한 말은 직접 인용으로, 판단은 관찰 기반으로 구분
- 회의나 기관 설명에 쓸 수 있는 수준으로 간결하고 구조 있게 작성

제2절. 개입 계획과 실행 점검을 위한 문서

사정은 실천의 시작이고, 계획은 실천의 방향이다. 개입이 흔들리지 않으려면 흐름을 설계하는 문서가 필요하다. 계획이란 학생에게 어떤 변화를 기대하는가를 구체화하고 그 변화를 위해 누가 무엇을 어떻게 할 것인가를 정리하는 과정이다. 또한 개입 흐름 중간에 '지금까지 잘 가고 있는가?'를 점검할 수 있어야 실천이 이어지고, 수정이 가능하다.

이 절에서는 실천가가 실제 개입을 설계하고 실행하는 데 활용할 수 있는 ① 개입 계획서, ② 실행 점검표, ③ 역할 분담표의 구성 항목을 제시한다.

서식 1 | 학생 개입 계획서(실천 흐름 중심 구성)

■ 목적 : 학생의 개입 흐름을 예측 가능한 구조로 설계하고, 실행의 기준을 마련하는 계획 문서

■ 주요 구성 항목

- 학생 기본 정보 / 사례 개요 요약
- 현재 학생의 주요 어려움
- 개입의 핵심 목표(예 등교 안정화, 정서 지원, 가정 협력 등)
- 기대하는 변화(단기 / 중기 / 장기)

- 개입 자원

  □ 학교 내 : 담임교사, 전문상담교사, 보건교사 등

  □ 학교 밖 : 교육복지센터, 복지관, 정신건강복지센터 등

  → □ 연계 완료 □ 연계 예정 □ 연계 곤란

- 개입 주체 및 방식

  개입 내용 / 주체 / 방법 / 빈도 / 기간

  예 정서상담 / 전문상담교사 - 주 1회 20회기 개별 상담(4~7월)

- 개입 시기

  □ 이번 주 시작 □ 1~2주 내 시작 □ 한 달 내 연계 예정

서식 2 | 개입 실행 점검표(중간 모니터링용)

■ 목적 : 개입 흐름이 계획대로 진행되고 있는지를 점검하고, 변화 신호나 실행 누락에 따른 조정 여부를 판단하는 실천 점검 도구

■ 적용 시점

- 개입 시작 후 2~4주 시점
- 중간 점검 회의 전
- 학생 반응 변화나 실행 누락이 감지되었을 때

■ 주요 구성 항목

- 개입 진행 상황 요약

  □ 계획대로 진행 중

  □ 일부 지연 발생

  □ 전면 재조정 필요

- 학생의 반응 변화

  □ 긍정적 수용 □ 반응 없음 또는 불안정 □ 저항 또는 중단 의사 있음

- 실행 주체별 개입 현황(예시)

주 체	개입 내용(목표)	실행 상태	비 고
전문상담교사	주 1회 정서상담 (등교 안정화)	지연	4월 첫 회기 누락
교육복지센터	보호자 상담 연계	진행 중	보호자 응답 없음
복지관	가정지원 개입(생활 안정)	대기 중	기관 대기 중(6월 연계 예정)

- 중간 성찰 또는 관찰 기록

  – 학생이 긍정적으로 반응한 개입 요소는 무엇인가?

  – 거부감 또는 회피 반응이 있었던 장면은?

  – 실천가가 감지한 흐름의 변화 신호는?

  – 학생이 남긴 인상적인 말이나 표현은?

- 흐름 유지 또는 조정 여부

  □ 현재 흐름 유지

  □ 일부 시기 조정 필요

  □ 주체 변경 또는 협의 필요

- 다음 회의 또는 후속 조치 계획

  예 6월 5일 학생맞춤통합지원팀 회의에서 복지관 연계 상황 논의

  보호자와 개별 전화상담 재시도(5월 28일 전까지)

서식 3 | 역할 분담표(학생맞춤통합지원팀 회의 이후 구성용)

■ 목적 : 중간 회의 이후의 실천 흐름을 이어가기 위해, 개입 내용을 기준으로 실행 주체·방법·시기를 명확히 정리하고 반복 확인과 조정이 가능하도록 구조화한 역할 정리 도구

■ 활용 시점

- 학생맞춤통합지원팀 회의 직후
- 학생 개입에 여러 기관이 연계되어 실행 관리가 필요한 경우
- 실행 주체 간 역할 조율과 흐름 유지를 도와야 할 때

■ 주요 구성 항목(예시)

개입 내용	주 체	방 법	빈도 또는 일정	완료 여부	비 고
정서상담	전문상담 교사	주 1회 개별상담	매주 화요일	진행중	회기 1~6차 진행 중
보호자 상담 연계	교육복지 센터	가족센터 연계 진행	5월 중	대기	가족센터 배정 대기(6월)
생활지도 피드백	담임교사	생활 관찰 후 요약 보고	매주 금요일	미실행	구글폼 활용 예정
청소년 멘토링	지역아동 센터	센터 프로그램 연계	6~7월 매주 토요일	진행중	주말 프로그램 참여

※ 실천가 활용 팁

- 회의 후 즉시 정리하여 회의록에 포함시키거나 별도 공유
- 주 1회 이상 흐름 확인 시, 이 양식을 기준으로 체크 가능
- 완료 여부 표시와 비고란은 흐름 중단 지점을 빠르게 파악하는 데 효과적
- 담당자 변경, 일정 변경 등도 이 문서에서 즉시 반영 가능

이 문서들은 각각 개입 초기, 실행 중간, 흐름 점검의 지점에서 실천가가 자신과 팀의 실행을 되짚는 기준이 된다. 다음은 이 흐름을 점검하는 개인 워크노트 양식이다. 실제 개입 중 내가 어떤 부분을 점검하고 조정할 수 있는지 정리해 보며, 실천의 구조를 스스로 되돌아 보자.

실천가 워크노트

“흐름 유지를 위한 내 역할 점검”

- 지금 이 개입 흐름에서 내가 점검하거나 조정할 책임이 있는 부분은 어디인가?
- 누군가의 실행이 누락되었을 때, 나는 어떤 방식으로 확인하거나 제안할 수 있을까?
- 내가 맡은 역할 외에 이 흐름이 끊기지 않도록 위해 내가 할 수 있는 일은?

제3절. 회의록, 안건 구성, 기록의 실천 언어

회의는 단지 말을 나누는 자리가 아니다. 학생을 중심에 두고 개입을 설계하고 조정하는 실천의 무대이며, 회의 이후에도 흐름이 이어지도록 기록을 남기는 일이 바로 실천가의 역할이다.

학생맞춤통합지원팀 회의든, 내부 사례조정회의든 한 학생을 위해 다양한 교사와 기관이 한자리에 모이는 일은 쉽지 않다. 그만큼 회의 안에서 오가는 말은 실천의 방향을 바꿀 수 있고, 회의록 한 장의 정리는 그 이후의 실행 흐름을 결정짓기도 한다.

하지만 여전히 많은 회의는 실천보다는 정보 나눔으로 끝나고, 회의록은 '무엇을 했다'는 말만 남기고 실질적인 조율과 흐름은 정리되지 않는 경우가 많다. 그래서 실천가는 회의에서 단순히 말하는 사람이 아니라 '어떤 순서로 논의할 것인가', '누가 무엇을 할 것인가'를 설계하는 사람이어야 한다.

그 출발점은 바로 안건 구성이고, 그 결과는 회의록이라는 이름으로 남는다. 회의록은 행정적 요구나 근거 확보를 위한 문서가 아니라 실천을 설계하고 실행을 이어가기 위한 기록이어야 한다. 그 문서 안에는 단순한 결정사항이 아니라 학생을 중심에 둔 흐름의 언어가 담겨야 한다.

이 절에서는 회의 전·중·후 실천가가 실제로 활용할 수 있는 ① 실천 흐름 기반 안건 정리표, ② 회의록 기본 구성 항목, ③ 실천 언어 표현 가이드, ④ 회의 후 흐름 유지를 위한 체크리스트의 구조를 제안한다.

서식 1 | 실천 흐름 기반 회의 안건 정리표

- 목적 : 회의를 정보 나눔이 아닌 실천 흐름 설계의 자리로 만들기 위해, 학생의 개입 흐름에 따라 논의 구조를 미리 설계하고 회의 안건을 구성하는 문서

- 주요 구성 항목
  - 학생 개요 요약(학년, 주된 이슈, 최근 2~4주 변화 요약)
  - 현재까지 진행된 개입 흐름 요약
  - 논의가 필요한 흐름(실행 주체, 시기, 조정 필요 항목 등)
  - 실천가가 제안하는 흐름 또는 방향
  - 참고자료 여부(기관보고서, 사례일지 요약 등)

서식 2 | 학생맞춤통합지원팀 회의록 기본 구성

- 목적 : 회의 내용을 실천 흐름에 따라 정리하고, 회의 이후 실행 주체들이 바로 행동할 수 있도록 명료하게 기록하는 구조 문서

- 기본 구성 항목
  - 회의 개요 : 일시, 장소, 참석자, 회의 주관
  - 학생 정보 및 개입 개요 요약
  - 안건별 논의 흐름 및 실행 정리(예시)

안 건	논의 요약	결정된 개입 흐름	주체 및 일정
정서적 지원	최근 등교 불안정, 감정 조절 어려움 지속	상담센터 주 1회 외부 상담 연계 제안	교육복지센터 (6월 첫 주 시작)
가정지원 연계 필요 여부	보호자 연락 2회 실패, 비대면 안내문 발송 이력 있음	보호자 개별 통화 재시도 후 연계 판단	담임교사 (5월 넷째 주까지)

- 실행 흐름 요약 및 다음 회의 계획
- 회의 후 공유 계획(교내 보고, 공문 발송, 회의록 공유 등)

이처럼 회의록은 단순히 사실을 정리하는 문서가 아니라 이후 실천의 구조를 설계하고 실행 흐름을 연결하는 중요한 도구다. 다음은 실천가가 회의 내용을 정리할 때 유용하게 활용할 수 있는 실천 언어 표현 가이드를 제시한다.

실천 언어 표현 가이드

■ 목적 : 회의록과 안건 정리 시, 실천 흐름을 언어로 정확하게 표현하기 위한 실천가용 문장 구조 정리

1. 기존 표현 : "~하기로 결정함"

☑ 수정 제안 : 누가, 언제, 어떤 방식으로 실행할지를 명시

예 "정서상담 시작하기로 결정함" → "정서상담은 전문상담교사가 주 1회, 5월 2주부터 개별 상담을 진행하기로 함"

2. 기존 표현 : "보호자 협조 어려움"

☑ 수정 제안 : 보호자 연락 여부, 수용 태도 등 현재 상태를 기술

예 "보호자 협조 어려움 있음" → "보호자와 전화 연결이 어려우며, 학교 개입에 대한 수용 의사 낮은 상태로 확인됨"

3. 기존 표현 : "기관 연계 요청"

☑ 수정 제안 : 요청한 기관, 연계 주체, 확인된 일정 또는 조건을 함께 명시

예 "청소년상담복지센터 연계 요청" → "청소년상담복지센터에 연계를 요청하였으며, 6월 첫 주 배정 가능하다는 회신을 받음"

4. 기존 표현 : "정보 공유함"

☑ 수정 제안 : 누구에게 어떤 내용을 공유했는지 이후 반응 또는 계획을 함께 기록

예 "보건교사와 정보 공유함" → "보건교사에게 학생의 수면 불안 내용을 전달했으며, 건강검진 일정에 반영 예정임"

5. 기존 표현 : "학습 지원 계획 수립 중"

☑ 수정 제안 : 지원 주체, 방법, 일정 등 실행 가능성이 있는 흐름으로 표현

예 "학습 지원 계획 수립 중" → "교육복지센터와 주 2회 학습 멘토링 연계 협의 중이며, 6월 1주 시작 예정임"

6. 기존 표현 : "학교 내 연계 검토 중"

☑ 수정 제안 : 연계 대상자, 구체적 개입 방식, 학생의 수용 여부를 함께 작성

예 "학교 내 연계 검토 중" → "전문상담교사와 개별면담 연계 협의 중이며, 학생은 참여 의사를 밝힘"

서식 3 | 회의 후 실행 점검 체크리스트

■ 목적 : 회의 이후 흐름이 실제로 실행되고 있는지 점검하고, 공백 또는 누락을 사전에 확인하는 실천가용 점검 도구

■ 구성 항목
- 회의에서 정리된 실행 계획이 실제로 실행되고 있는가?
- 누락되었거나 일정이 지연된 실행 항목은 없는가?
- 역할 분담이 명확히 지켜지고 있는가 또는 혼선이 발생했는가?
- 후속 회의 준비나 개입 결과 기록이 적절히 이루어지고 있는가?
- 회의록에 정리된 내용과 실제 실행 상황이 일치하는가?

제4절. 행정 문서와 실천 언어 : 협약서, 공문, 동의서 쓰기의 기술

교육복지사는 협약서, 공문, 개인정보 동의서처럼 형식적이고 행정적인 문서도 작성해야 한다. 하지만 단순히 '보내는 문서'가 아니라 '실행을 가능하게 하는 문서'로 설계할 수 있어야 한다.

이 절에서는 실무자가 자주 접하는 대표 문서를 중심으로 핵심 구성 항목과 실천 언어의 전략을 함께 제안한다.

서식 1 | 협약서 또는 업무 협조 요청서 구성 항목

■ 목적 : 기관 간 역할과 협력 범위, 일정, 연계 방식 등을 명시하여 지속 가능한 협력 기반 마련

■ 주요 구성 항목

1. 협약 명칭

   예 ○○학교–○○기관 간 교육복지 업무협약서

2. 협약 목적

   예 "본 협약은 ○○학생의 정서 및 학업 지원 개입을 위해 학교와 지역사회 기관 간 실질적 협력 체계를 구축하고자 함을 목적으로 한다."

3. 협력 범위

   - 개입 대상 : ○○학생 또는 ○○유형 사례(상황에 따라 작성 가능)
   - 지원 내용 : 상담, 가족 연계, 물품 지원, 정서 프로그램 등
   - 협력 방식 : 정기 회의, 피드백 공유, 문서 연계 등

4. 기간

   예 2025. 4. 1.~2025. 12. 31.

5. 역할 분담

   - ○○학교 : 대상자 발굴, 사전 면담, 회의 소집
   - ○○기관 : 상담 개입, 보호자 면담, 사후 보고 등

6. 운영 및 연락 담당자

   - 학교 측 : ○○교사, 연락처
   - 기관 측 : ○○실무자, 연락처

7. 서명란

   - 각 기관명, 대표자 성명, 서명 또는 직인, 날짜

※ 실천 언어 팁

- ‘상호 협조하에’ → ‘기관별 역할을 명확히 조율하며 공동 실행한다.’
- ‘필요시 협의하여 진행함.’ → ‘정기 회의(월 1회) 및 긴급 상황 시 상호 유선 협의로 결정함.’

서식 2 | 공문 구성 항목(회의 초대, 기관 협조 요청)

■ 목적 : 통합사례회의, 자원 요청, 연계 논의 등 실질적 개입 진행을 위한 공식 요청

■ 주요 구성 항목

1. 제목

   예 「ㅇㅇ학생 맞춤형 개입을 위한 통합사례회의 참석 요청」

2. 발신·수신

   - 발신 : ㅇㅇ교육복지센터
   - 수신 : ㅇㅇ기관장 귀하

   (※ 사안의 성격에 따라, 해당 실무 부서장을 ‘경유’로 표기하여 발송하기도 함)

3. 목적

   예 “ㅇㅇ학생의 복합적 위기 상황에 대응하고 기관 간 역할을 조율하기 위한 회의를 아래와 같이 개최하고자 하오니 참석을 요청드립니다.”

4. 회의 일시 및 장소

   - 일시 : 2025. 5. 10.(금) 14:00
   - 장소 : ㅇㅇ학교 상담실 또는 ㅇㅇ센터 회의실

5. 안건
   - 학생의 위기 개입 경과 공유
   - 기관별 역할 제안 및 개입 시기 조율
   - 보호자 협력 방안 논의 등
6. 요청사항
   - 회의 참석 가능 여부 회신 요청(○월 ○일까지)
   - 참여 가능 담당자 성명 기재 요청
   - 개입 가능 자원이나 사례 관련 자료가 있다면 사전 공유 요청
7. 첨부 자료
   - 학생 개입 경과 요약자료 1부
   - 회의 참여 동의서(보호자용) 양식 1부 등

※ 실천 언어 팁

- ‘협조 바랍니다.’ → ‘귀 기관의 참여와 실행 가능 방안을 함께 검토해 주시기를 요청드립니다.’
- ‘참석 요청드립니다.’ → ‘개입 설계를 위한 논의에 함께 참여해 주시기 바랍니다.’

서식 3 | 개인정보 수집 및 제공 동의서(학생 맞춤 개입용)

■ 목적 : 민감 정보 활용에 대한 보호자의 동의를 명확히 확보하고, 법적·윤리적 기준을 충족하는 개입의 근거 문서로 사용

■ 주요 구성 항목

1. 동의 대상
   - 학생 성명 / 생년월일 / 학년
   - 보호자 성명 / 연락처 / 관계
2. 수집 및 제공 목적

   예 "○○학생의 학업·정서·가정환경 등 맞춤형 개입 설계를 위해, 학교 및 협력 기관 간 정보 공유가 필요함"
3. 수집·이용 항목
   - 정서 행동 관찰 정보
   - 가정환경(부양자, 양육 상황 등)
   - 학교생활 정보(출결, 교우관계 등)
4. 제공받는 기관
   - ○○교육복지센터, ○○청소년상담복지센터 등
5. 보유 및 이용 기간
   - 개입 종료 시 또는 보호자 철회 요청 시까지
6. 동의 여부 확인

   □ 위 내용에 동의합니다　　　　□ 동의하지 않습니다
7. 서명란
   - 보호자 성명 / 서명 / 작성일
   - 작성자 확인(교육복지사)

※ 실천 언어 팁

- '개인정보 활용에 동의하십니까?' → '○○학생의 안전한 개입과 협력 기관 연계를 위하여 필요한 정보만을 수집·공유하고자 합니다. 확인 후 서명 부탁드립니다.'

이 절에서 제시한 서식은 교육복지사가 현장에서 직접 구성하거나 수정할 수 있도록 '핵심 항목'을 제안하는 방식으로 정리되었다. 완성된 양식을 그대로 사용하는 것보다 상황에 맞게 항목을 선택하고 조정하는 것이 더 실천적일 수 있다. 특히 협약서나 공문처럼 형식적인 문서도 교육복지사의 판단과 설계에 따라 실질적인 실행의 기반이 될 수 있다.

☑ 문서 작성 시 실천가가 기억하면 좋은 3가지

① 문서는 단순 전달이 아니라 실행을 설계하는 도구여야 한다.

② 표현은 상대 기관이 이해하고 실행할 수 있도록 명확하고 조율된 언어로 작성해야 한다.

③ 각 문서는 연계와 실행의 시작점이므로, 다음 단계를 고려한 구조로 작성하는 것이 중요하다.

제5절. 일정으로 설계하는 사례관리

실천은 항상 긴박한 순간에 시작되는 것처럼 보이지만, 그 이면에는 계획된 준비가 있다. 교육복지 사례관리 역시 마찬가지다. 사정 → 계획 → 개입 → 평가의 흐름이 실제로 실행되려면 시기별 계획과 주체별 역할이 일정 안에 구조화되어 있어야 한다.

특히 학교 기반 사례관리나 지역교육센터 기반 사례관리 모두 연간 운영 일정을 미리 정리하면 갑작스러운 상황에도 기준을 세울 수 있고, 반복되는 시행착오를 줄일 수 있다. 또한 개별 학생을 중심으로 개입 주체와 시기를 정리해 두면 누락 없이 실천을 이어갈 수 있다.

이 절에서는 교육복지사가 직접 작성하거나 응용할 수 있는 일정 기반 실천 도구 세 가지, ① 연간 실무 캘린더, ② 학생별 개입 스케줄표, ③ 사례 종결 요약표를 제안한다.

서식 1 | 연간 실무 캘린더(학교 또는 교육복지센터 전체 일정 기준)

■ 목적 : 연간 교육복지 운영과 사례관리 활동을 월별로 조망하고, 프로그램・사례회의・지원개입・성과평가 등을 사전에 설계할 수 있도록 돕는 도구

■ 활용 시점
- 연초 또는 학기 시작 전
- 연간 사업계획 수립 시
- 사례 개입 주기 관리 또는 누락 점검 시

■ 주요 구성 항목(예시)

월	주요 활동	중점 대상	연계 및 회의 일정	비 고
3월	신학기 적응 지원, 기초사정	신규 사례	초기회의 (3. 18)	우선순위 분류 필요
5월	정서지원 집중 개입	자해・불안 학생	통합사례회의 (5. 30)	기관 연계 협의
7월	방학 전 가정개입 집중	학습장애 및 보호자 비협조 사례	중간평가회의 (7. 17)	여름 프로그램 연계 필요
10월	개입 정리, 종결 요약	장기 개입 대상	사례종결회의 (10. 24)	평가 자료 수집 병행

서식 2 | 학생별 개입 스케줄표(개입설계용)

■ 목적 : 한 명의 학생에 대해 기간별 개입계획을 시각화하여 각 주체의 실행 시기, 개입 내용을 구조화

■ 구성 항목(예시)

개입 내용	주 체	방 법	시기/기간	주기/회수	확인사항 또는 메모
정서상담	전문상담 교사	개별상담 (30분)	4~6월	주 1회 (총 12회기)	학생 수용도 높음. 6월 재평가 필요
보호자상담	교육복지 센터	유선상담 또는 동행상담	5~7월	월 2회	보호자 연락 지연 시 메모 필수
멘토링 프로그램	지역아동 센터	주말프로그램 참여	6~7월	주 1회	센터 연계 확정 필요
가족지원 연계	복지관	가정방문 및 가족상담	6~8월	월 1회	복지관 배정 대기 중

※ 실천가 활용 팁

- 개입 주체별 일정이 명확하게 보이면 조율이 쉬워진다.
- 일정이 중첩되거나 시기가 겹치는 경우, 학생의 수용 가능성과 피로도를 고려해 조정 포인트를 메모에 남긴다.
- 이 양식은 사례회의 시 실행 현황 점검표로도 활용 가능하다.

서식 3 | 사례 종결 요약표(종결 시 작성용)

■ 목적 : 개입 종결 전 전체 개입 내용을 요약하고, 학생의 변화 및 미완 개입 과제를 정리

■ 활용 시점

- 일정 기간의 개입이 종료될 때
- 타 부서 또는 타 기관으로 지원을 이관할 때
- 장기 개입 이후 성과 요약이 필요할 때
- 학기 말, 사례 종결 회의 자료 정리 시

■ 구성 항목

- 개입 요약 : 개입 내용, 기간, 참여 기관
- 학생 변화 : 출결·정서·학습·가정 영역 중심
- 미완료 과제 : 추가 연결이 필요한 항목
- 실천가 코멘트 : 다음 학기나 전담자에게 전달하고 싶은 핵심 메모
- 작성 예시

항 목	내 용
학생 기본 정보	이름, 학년, 학기/연도 등
주요 개입 내용 요약	정서상담(전문상담교사, 3~6월), 보호자상담(교육복지센터, 5~7월), 가족지원 연계(복지관, 6~8월) 등
학생의 변화 요약	등교율 개선(주 3회→주 5회), 자해 표현 감소, 감정 표현력 향상 등
개입 미완 과제 또는 한계	학습 집중력 저하 지속, 보호자 반응 소극적, 장기적 가족관계 재조정 필요

향후 지원 제안 또는 당부사항	2학기 초, 다시 정서지원 필요/담임–전문상담교사 간 정기 협의 유지 권장
실천가 한 줄 메모	"학생이 스스로 감정을 조절하려는 태도가 형성된 것이 가장 큰 변화였다."

※ 실천가 활용 팁

- 모든 항목을 장황하게 채우기보다는 가장 인상적이었던 변화, 실천가의 판단 기준을 중심으로 작성하면 좋다.
- 종결은 종료가 아니라 전달이다. 이 기록이 다음 지원의 출발점이 되도록 구성한다.

제6절. 실천은 설계에서 시작된다

좋은 실천은 우연히 완성되지 않는다. 적절한 타이밍, 주체 간 조정, 개입의 연결성과 연속성을 확보하는 일은 대부분 일정 설계에서 비롯된다. 교육복지 사례관리에서 일정은 단순한 날짜 관리가 아니라 학생의 변화 과정을 지켜보고 조정하는 실천의 시간표다.

단순한 캘린더를 넘어서, 실천가는 다음과 같은 질문을 스스로에게 던져야 한다.

- 이번 달에 가장 우선순위를 두어야 할 개입 대상은 누구인가?
- 지금 이 학생에게 필요한 개입은 언제, 어떤 방식으로 실행되어야 하는가?

- 학생맞춤통합지원팀 회의 이후 각 주체의 실행 일정은 어떻게 관리되고 있는가?
- 이 사례는 언제쯤 종료할 수 있을까? 그때까지 무엇이 완료되어야 하는가?

이 절에서는 실천가가 일정 기반 실천 도구를 어떻게 전략적으로 설계하고 조정할 수 있는지를 안내하고, 사례에 기반한 일정 설계 팁과 미니 사례를 함께 제안한다.

① 실천 설계를 돕는 질문 : 개입 일정을 단순히 작성하는 것을 넘어서 설계하려면

일정을 정리하는 실천가는 단순히 칸을 채우는 사람이 아니라 학생의 상태와 맥락을 고려해 실천의 방향과 타이밍을 결정하는 사람이다. 그러기 위해서는 일정을 작성하기 전에 다음과 같은 질문을 스스로 점검해야 한다.

▸학생 중심 질문

- 지금 이 학생은 어떤 시기에 놓여 있는가?(초기 진입기, 개입 안정기, 개입 전환기 등)
- 지금 학생에게 가장 필요한 지원 주체와 방식은 무엇인가?
- 개입을 시작하기에 가장 적절한 시점은 언제인가?

▸ 팀 조정 질문

- 현재 참여 기관과 담당자의 역할과 일정은 명확히 정리되어 있는가?
- 회의 후, 어떤 주체가 언제 어떤 개입을 담당하기로 했는가?
- 역할이 중복되거나 빠져 있는 부분은 없는가?

▸ 실천가 자신을 위한 질문

- 내가 맡은 역할은 언제까지 어떻게 실행해야 하는가?
- 개입 계획이 과도하거나 지나치게 분산되어 있지는 않은가?
- 지금 내가 정리하거나 조정해야 할 지점은 무엇인가?

이러한 질문은 개입 계획서, 스케줄표, 종결 요약표를 작성할 때마다 점검할 수 있으며, 특히 학생맞춤통합지원팀 회의나 중간 점검 회의 전에 활용하면 유용하다. 사례개입은 계획을 세우는 데 그치지 않고, 실제로 실행 가능한 구조를 설계하는 과정이다. 특히 타임라인 방식은 실천가가 개입 과정을 조율하고 관리하는 데 매우 효과적이다.

② 타임라인 기반 개입 설계 예시

개입 흐름을 구조화할 때는 누가, 언제, 무엇을, 어떤 방식으로 실행할 것인지를 한눈에 볼 수 있도록 정리하는 것이 중요하다. 여러 주체가 관여하거나 외부기관과의 협력이 포함된 개입일수록 일정이 정리되어 있어야 실행이 누락되지 않는다. 다음은 학생 맞춤 개입을 일정 기반으로 구조화한 예시다.

예시 | 중학교 2학년 여학생 맞춤 개입 일정표

▸ 학생 특성 요약

- 등교 불안, 정서적 위축, 자해 시도 이력 있음
- 부모와의 갈등 심화, 가족 상담 거부
- 1학기 중 사례 사정 완료됨

개입 내용	주 체	방 식	시작 시기	주 기	비 고
정서상담	전문상담교사	개별상담 (30분)	3월 2주차	주 1회	학생 수용도 높음
보호자 전화 상담	교육복지사	유선상담	3월 4주차	주 1회	보호자 소극적 응답 지속
가족지원 연계	지역복지관	가족상담	4월 중순	월 1회	기관 배정 대기 중
방학 전 점검 회의	통합지원팀	회의 및 실행 점검	6월 2주차	1회	개입 종료 또는 조정 여부 판단
사례 종결 및 이관 논의	교육복지사 외	내부 논의 및 연계 조정	7월 초	1회	2학기 연계 계획 포함

이와 같은 설계표는 단독으로 활용해도 되고, 회의 자료나 스케줄표에 포함시켜도 된다. 핵심은 일정과 주체가 명확하게 구성되어 개입이 중단되지 않고 연결되도록 돕는 것이다. 이제 다음 워크노트를 통해 지금 내가 설계 중인 개입 흐름이 학생에게 적절한 구조인지 실천가로서 점검해 보자.

실천가 워크노트

"내가 설계 중인 개입 일정은 학생에게 맞춰져 있는가?"

■ 목적 : 개입 일정을 단순히 나열하거나 맞추는 데서 끝나지 않고, 학생의 상태와 수용도, 관계 조율 상태 등을 반영해 일정과 개입 주체를 실천가가 주도적으로 설계했는지를 점검하는 워크시트이다.

- 지금 내가 개입 일정을 설계하고 있는 학생은 누구인가?
  → 학생명 또는 간단한 특성

- 이 학생에게 지금 가장 필요한 개입 주체와 방식은 무엇인가?
  → 예 정서상담(전문상담교사), 보호자상담(교육복지센터), 지역사회 기관 연계 등

- 지금 설계된 개입 시기는 학생에게 과도하거나 불규칙하지 않은가?
  □ 적절하다 □ 다소 촘촘하다 □ 느슨하거나 모호하다

- 내가 맡은 역할은 언제 무엇을 하기로 되어 있는가?
  → 예 4월 중 보호자 1차 상담, 5월 회의 안건 정리

- 이번 개입 일정을 정리하면서 내가 마지막까지 점검하고 싶은 문장 한 줄 :
  → 예 "학생이 이 흐름을 따라갈 수 있을까?" / "다음 회의 전까지 반드시 실행 확인" 등

※ 실천가 활용 팁

- 이 워크노트는 개입 계획서나 스케줄표를 작성하기 전에 자기 점검 용도로 사용해도 좋고, 회의 직전 실행 일정이 잘 정리되었는지 다시 살펴볼 때도 유용하다.
- 문서보다 나의 실천 감각을 먼저 점검하는 용도로 써보자.

제7절. 학생 사례 종결과 후속 설계

사례관리는 시작보다 마무리가 더 중요하다. 종결은 단순한 종료가 아니라 학생의 변화 과정을 정리하고 남은 과제와 이후 지원 방향을 설계하는 실천이다. 이 절에서는 교육복지사가 사례 종결 시 반드시 고려해야 할 기준과 절차, 필요한 문서, 후속 설계 방법을 다룬다.

특히 사례 종결은 단순한 종료가 아니라 학생의 성장 과정을 정리하고 다음 단계를 설계하는 중요한 실천이므로, 제5장의 마지막 절에서는 사례 종결과 이후 지원 설계를 별도로 정리하여 실천가의 기록과 설계에 도움이 되도록 하였다.

1. 학생 사례 종결 기준과 절차

☑ 종결 기준

- 학생이 설정된 개입 목표(예 등교 안정, 정서 안정, 가족 기능 회복 등)에 도달했을 때
- 추가 개입이 필요한 경우 다른 기관 또는 시스템으로 안정적 연계가 완료되었을 때
- 학생 또는 보호자의 요청에 의해 개입 종료를 협의한 경우
- 불가피하게 지원이 불가능한 상황(예 전출, 장기 결석, 중복 개입 거부 등) 발생 시

☑ 종결 절차

- 내부 회의 또는 학생맞춤통합지원팀 회의에서 종결 여부 협의
- 학생 및 보호자와 종결 방향 논의 및 동의 확보
- 종결 시기, 후속 연계 계획을 문서화
- 내부 보고 또는 공식 보고 체계에 따라 종결 처리

2. 종결 시 필요한 문서

☑ 사례 종결 요약표

- 개입 시작부터 종료까지 핵심 흐름 정리
- 목표 달성 여부 및 학생 변화 요약
- 미해결 과제 및 후속 연계 필요사항 명시

☑ 종료 보고서

- 필요시 기관 제출용 또는 내부 공유용으로 작성
- 실천가 입장에서의 평가와 추천사항 포함

☑ 개인정보 처리

- 개입 기록 보존 기간 및 방식 명시(법령 준수)
- 종결 이후 개인정보 폐기 또는 안전 보관 조치

3. 학생과 보호자에게 종결을 알리는 방법

- 종결이 실패나 방치가 아니라 학생의 성장 과정 중 하나임을 설명
- 학생에게는 지금까지의 변화를 정리하고, 다음을 준비하는 과정임을 강조
- 보호자에게는 지속적인 지원은 필요하지만, 현재 단계에서 마무리하는 이유와 후속 연계 가능성을 분명히 안내
- 가능한 한 긍정적인 변화와 학생의 성취를 강조하여 마무리

4. 종결 이후 모니터링 또는 후속지원 설계

- 필요한 경우 사후 모니터링 계획(예 3개월 후 전화 확인, 학기 초 학교 상담 연계 등) 수립
- 후속기관 연계 시 학생의 현재 상태, 필요, 주의사항 등을 정리해 전달
- 학생이 변화 유지에 어려움을 느끼는 경우를 대비한 재개입 가능성 열어 두기

5. 실천가로서 종결 시 남기는 성찰 문서

- 이 사례에서 가장 효과적이었던 개입 요소는 무엇이었는가?
- 아쉬움이 남는 개입 시점이나 방법은 무엇이었는가?
- 다음 사례개입에서 강화하거나 개선해야 할 나의 실천 요소는 무엇인가?
- 종결 과정을 통해 실천가로서 내가 얻은 교훈은 무엇인가?

사례 종결 보고서

■ 기본정보

- 학생 이름/생년월일 :
- 학교/학년 :
- 사례 개입 기간 :
- 사례관리자 :

■ 개입 목표 및 성과 평가

목 표	달성 여부	설 명
1.	☐ 달성 ☐ 부분 달성 ☐ 미달성	
2.	☐ 달성 ☐ 부분 달성 ☐ 미달성	
3.	☐ 달성 ☐ 부분 달성 ☐ 미달성	

■ 개입 과정 요약(핵심 흐름 중심으로 기술) :

■ 종결 사유 및 판단 근거(복수 선택 가능)

☐ 목표 달성에 따른 종결 ☐ 후속기관 연계 완료

☐ 학생·보호자의 종결 요청 ☐ 지속 개입 불가 상황 발생

■ 후속 지원 계획(있을 경우 작성) :

■ 실천가 성찰

- 이 사례에서 가장 효과적이었던 개입 요소 :
- 아쉬움이 남는 부분 또는 다음 사례에 반영하고 싶은 점 :

■ 종결 체크 항목

항 목	확인 여부
학생 및 보호자와 종결 협의 완료	□ 예 □ 아니요
종결 요약 정리 및 내부 보고 완료	□ 예 □ 아니요
후속 지원 계획 수립 또는 연계 완료	□ 예 □ 해당 없음
개인정보 보존 및 처리 계획 수립	□ 예 □ 검토 필요

■ 종결 일자 :

■ 사례관리 책임자 서명 :

글쓴이의 생각

정보는 기억에서 사라지지만, 기록은 실천을 남긴다.

제 6 장
사례관리를 위한 주제별 개입 전략과 면담 설계

제1절 학업중단 위기 : 무단결석과 학교 부적응

제2절 정서・행동문제 : 마음의 언어를 발견하는 면담

제3절 성 관련 문제 : 경계를 회복하는 면담

제4절 가정환경 문제 : 말하지 않아도 남는 것들

제5절 안전・생활 위기 : 생존의 언어를 존중하는 면담

제6절 학교 내 위험 요소 : 관계 속에서 잃어버린 감각을 회복하는 면담

제6장 사례관리를 위한 주제별 개입 전략과 면담 설계

학생맞춤통합지원체계가 강조되면서 사례관리는 점점 더 세밀하고 주제별로 맞춤화된 개입을 요구받고 있다. 그러나 본질은 변하지 않는다. 학생의 삶을 정확히 이해하고 현실에 맞는 개입을 설계하는 것이 사례관리의 핵심이다.

이 장에서는 교육부와 서울시교육청이 제시한 위기학생 지원 체계를 참고하여 현장에서 실천가가 즉시 적용할 수 있는 주제별 개입 전략과 면담 흐름을 정리했다. 특히 단순한 대화 예시를 넘어 면담 구조화와 질문 흐름 설계를 중심으로 실전 스크립트를 제시한다.

학생을 만나는 첫 면담은 실천의 방향을 결정짓는 중요한 순간이다. 학생의 언어를 듣고, 경험을 해석하며, 가능성을 함께 찾아가는 출발점이다. 따라서 각 위기 영역별로 면담 구조화 흐름과 질문 스크립트, 개입 시 유의할 점을 제시했다. 이 장에서 다루는 주요 위기 영역은 다음과 같다.

대분류	주요 내용
1. 학업중단 위기	무단결석, 학교 부적응
2. 정서・행동문제	심리・정서 위기, 중독 문제
3. 성 관련 문제	성폭력, 부적절한 성 행동 등
4. 가정환경 문제	가족해체, 돌봄 결핍
5. 안전・생활 위기	식사 방임, 생활 기반 위기, 도박・약물
6. 학교 내 위험 요소	교우 관계 갈등, 학교폭력(학교 부적응으로 확장)

제1절. 학업중단 위기 : 무단결석과 학교 부적응

학생의 학업중단 위기는 단순한 출석 문제가 아니다. 그 이면에는 정서적 위기, 낮은 자기효능감, 또래 관계의 갈등, 가정 내 긴장 등 복합적인 요인이 얽혀 있을 수 있다.

무단결석이나 학교 부적응은 숫자로 기록되지만, 그 숫자 너머에 있는 학생의 삶과 감정을 먼저 들여다봐야 한다. 첫 면담의 목적은 이유를 묻는 것이 아니라 말할 수 있는 분위기를 여는 것이다.

1. 무단결석

☑ 면담 구조화 흐름

① 상황 진입

출석과 관련된 최근 변화나 교사 언급 등을 자연스럽게 이야기하며 대화를 시작한다.

② 감정 중심 질문

'왜 안 왔어?'가 아니라 '어떤 아침이었니?'로 감정의 문을 연다.

③ 학교에 대한 느낌 묻기

긍정/부정 구분 없이 학생이 떠올리는 학교의 이미지나 장면을 물어본다.

④ 결석한 날의 하루 그리기

등교하지 않은 날, 어떻게 시간을 보내는지를 차분히 물어본다.

⑤ 관심사 또는 잘하는 것 찾기

학교 밖에서 자기를 표현하는 방식이 무엇인지 열어본다.

☑ 질문 예시

- 요즘 아침에 눈 떴을 때, 제일 먼저 느는 생각은 뭐야?
- 학교에 안 오는 날은 주로 어떻게 보내?
- 학교 생각하면 어떤 장면이 떠올라?
- 요즘 네가 제일 많이 하고 있는 일이 있다면?
- 요즘 관심 가는 거나, 잘할 수 있을 것 같은 일이 있을까?

☑ 유의할 점

- 결석 사유를 따지듯 묻지 않는다.
- 출석을 목표로 압박하지 않는다.
- 학교를 가야 하는 곳이 아니라 이야기할 수 있는 곳이라고 인식하도록 돕는다.
- 학생이 자신의 일상을 말할 수 있도록 판단 없는 경청을 유지한다.

2. 학교 부적응

☑ 면담 구조화 흐름

① 학교 생활 감정 열기

등교 후 가장 힘든 시간이나, 감정이 무뎌지는 순간을 물어본다.

② 관계 기반 탐색

교사나 친구 중 누구와 편했는지, 아니면 누구와 거리감이 있었는지를 묻는다.

③ 불편했던 상황 구체화

학교에서 가장 견디기 어려웠던 장면이나 반복되는 갈등 상황을 짚어본다.

④ 학생의 해석 듣기

'나는 왜 여기서 불편했을까?'에 대한 학생 나름의 언어를 확인한다.

⑤ 지탱했던 순간 찾아보기

힘들었지만 하루를 버틸 수 있었던 요소(사람, 시간, 공간)를 물어본다.

☑ 질문 예시

- 학교에 있을 때 가장 지치거나 어색했던 순간은 언제야?
- 그래도 학교에서 조금 편한 사람이나 장소가 있었을까?
- 학교생활 중에 '이건 나한테 힘들었다'고 느꼈던 일 있어?
- 지금 학교를 다시 다닌다면 바꾸고 싶은 점이 있을까?
- 힘들어도 그날 하루를 버틸 수 있었던 이유가 있었을까?

☑ 유의할 점

- '적응'이라는 표현은 사용하지 않는다. 학생의 언어로 감정을 해석할 수 있도록 돕는다.
- 단정하거나 해석하지 않고, 학생이 스스로 설명할 수 있는 시간을 보장한다.
- 학교에 남는 것이 목표가 아니라 학교라는 공간에서 학생이 어떤 의미를 다시 발견할 수 있을지 여백을 남긴다.

학생의 결석이나 부적응은 '문제행동'이 아니라 '신호'다. 그 신호를 어떻게 해석하느냐에 따라 개입의 방향은 완전히 달라진다. 단순히 출석을 회복시키는 것이 아니라 무엇이 학생의 발걸음을 멈추게 했는지, 어떤 마음이 학교를 멀게 느끼게 했는지를 함께 읽어내야 한다.

질문 하나, 말투 하나에 따라 학생은 들어주는 사람과 가르치려는 사람을 정확히 구분한다. 실천가는 먼저 기다릴 수 있어야 한다. 말문을 여는 것보다 중요한 건 말문이 닫히지 않도록 학생의 삶 앞에 머무는 태도다.

제2절. 정서 · 행동문제 : 마음의 언어를 발견하는 면담

학생의 정서적 어려움은 종종 겉으로 드러나는 행동보다 더 깊은 층위에 있다. 자해, 무기력, 분노 표출, 중독과 같은 형태는 마음속 고통이 표출되는 방식일 뿐이다.

실천가는 행동을 조절하는 사람이 아니라 행동 이면에 있는 감정과 욕구를 언어로 회복시키는 사람이다. 첫 면담에서는 통제보다는 연결, 조언보다는 공감이 먼저다.

1. 심리 · 정서 위기

☑ 면담 구조화 흐름

① 현재 상태 확인

외형적 행동보다는 지금의 감정 상태에 대한 질문으로 시작한다.

② 감정 명명과 연결

학생이 느끼는 복합적 감정을 말로 설명하거나 단어로 표현해 보도록 돕는다.

③ 반복되는 감정 패턴 탐색

자주 느껴지는 감정이나 반복되는 상황을 회고하도록 돕는다.

④ 감정 이면의 욕구 듣기

그 감정이 무엇을 원하고 있는지를 조심스럽게 열어본다.

⑤ 안전지대 회복 시도

자신이 편안하게 느끼는 사람, 활동, 공간을 떠올리게 해본다.

☑ 질문 예시

- 요즘 내 안에서 제일 자주 올라오는 감정은 어떤 거야?
- 그럴 때 몸에서는 어떤 느낌이 올라와? 예를 들면 답답하거나, 눌리거나…
- 이런 기분을 제일 강하게 느꼈던 순간이 있다면 언제였을까?
- 이 감정이 혹시 '그만하자'라는 마음이 아니라 '누가 좀 알아줬으면 좋겠다'는 마음일 수도 있을까?
- 지금 나한테 제일 필요한 게 있다면 어떤 걸까?

☑ 유의할 점

- 학생이 감정을 말로 표현할 수 있도록 예시 단어를 제시하며 도와준다.
- 상담하러 왔다는 긴장감을 줄이기 위해 안정적인 환경과 중립적 태도를 유지한다.

- '괜찮아질 거야' 같은 낙관적 언사는 금물이다. 현재 감정을 허락해 주는 태도가 먼저다.
- 감정의 원인을 너무 빨리 분석하거나 정리하지 않는다.

2. 중독 문제(게임, 스마트폰 등)

☑ 면담 구조화 흐름

① 중독된 활동에 대한 비난 없는 묘사 요청

무엇을, 언제, 얼마나 자주 하는지 객관적 사실 중심으로 묻는다.

② 그 활동이 주는 감정 또는 역할 확인

그것을 할 때 어떤 감정이 드는지, 삶에서 어떤 자리를 차지하는지 들어본다.

③ 중독된 순간 이전의 감정 탐색

그 행동이 시작되기 전의 감정이나 상황을 되짚어 본다.

④ 중독 아닌 방식으로 충족될 수 있는 필요 찾기

그 감정이나 상태가 중독이 아닌 다른 방식으로도 채워질 수 있는지 가능성을 나눈다.

⑤ 행동 자체가 아니라 '자기조절 감각' 회복에 초점 맞추기

중단보다는 조절이 가능한 내 안의 감각을 회복하도록 돕는다.

☑ 질문 예시

- 게임(또는 스마트폰)할 때 가장 좋은 건 뭐야?
- 그걸 하는 동안에는 내 마음이 어떤 상태가 돼?
- 그걸 끊기 전에 어떤 기분이 먼저 왔을까?
- 그 감정을 다른 방식으로 풀어본 적 있어?
- '내가 이만큼은 조절할 수 있겠다'고 느낀 적, 혹시 있었을까?

☑ 유의할 점

- '중독'이라는 용어를 직접적으로 사용하지 않는다. 대신 '익숙한 방식'이나 '요즘 많이 하는 활동' 같은 중립적 표현을 사용한다.
- 변화보다는 이해가 먼저다. 그 행동이 차지하고 있는 역할을 충분히 인정해 주는 것이 출발점이다.
- 조절 가능성을 이야기할 때도, 강요보다는 가능했던 순간을 찾는 회고형 질문이 효과적이다.
- 중독 행동은 통제받지 못한 감정의 결과일 수 있다는 점을 이해한다.

정서적 위기나 중독은 통제해야 할 문제가 아니라 마음의 언어를 잃어버린 상태가 만들어 낸 신호다. 실천가는 그 신호를 말로 되살리는 사람이다. 학생이 처음으로 '내 마음을 설명해도 괜찮다'고 느끼는 순간, 그때부터 개입은 시작된다.

제3절. 성 관련 문제 : 경계를 회복하는 면담

성 관련 위기는 학생의 말에서 먼저 드러나지 않는다. 말하지 못하는 침묵, 부적절한 농담, 몸에 대한 무감각 혹은 과도한 자극 추구 등 경계가 흐릿해진 표현으로 나타나기도 한다. 실천가는 그 언어를 도덕이나 통제의 잣대가 아닌 신호로 해석할 수 있어야 한다. 이 장에서는 성폭력 피해, 부적절한 성 행동을 중심으로 학생의 경계 회복을 위한 면담 흐름을 제안한다.

1. 성폭력 피해

☑ 면담 구조화 흐름

① 신체적·정서적 반응 존중하기

말보다 반응이 먼저 나타나는 경우, 감정과 반응을 인정하며 시작한다.

② 침묵과 회피를 통과할 수 있는 질문 설계

구체적인 사건보다 느낌, 그날의 기억, 반복되는 감정 중심으로 접근한다.

③ 통제감을 회복할 수 있는 선택적 응답 구조 만들기

말할지 말지, 어느 정도 말할지를 학생이 선택할 수 있도록 여지를 둔다.

④ 학생의 책임감 오인 해소하기

피해 상황에서 학생이 자기 잘못이라고 느끼는 경우를 명확히 바로잡는다.

⑤ 지금의 감정과 회복 자원 탐색

현재 학생이 느끼는 감정과, 안전감을 느끼는 사람·공간·시간을 함께 찾는다.

☑ 질문 예시

- 그날 이후로 마음에 가장 많이 남아 있는 느낌은 뭐야?
- 말로 다 설명하지 않아도 괜찮아. 지금 마음 상태가 어떤지만 이야기해 줘도 좋아.
- 그 일이 일어났을 때 몸이 어떻게 반응했는지 기억나?
- 혹시 '그때 내가…'라고 생각한 적 있어? 그런데 그건 너의 책임이 아닐 수 있어.
- 요즘 마음이 조금이라도 편해지는 순간이 있다면 그건 언제야?

☑ 유의할 점

- 말하는 속도를 실천가가 조정하지 않는다. 침묵과 회피도 표현의 일부임을 기억한다.
- '네 잘못 아니야'라는 말은 무조건적 위로가 아니라 정확한 맥락에서 사용해야 한다.
- 사건보다 감정과 지각된 위협을 중심으로 접근한다.
- 실천가는 감정을 조절해 주기보다 감정을 존중하는 태도를 가진다.

2. 부적절한 성 행동

☑ 면담 구조화 흐름

① 도덕적 판단 없이 사실 탐색

'맞다, 틀리다'보다 '어떤 상황이었는가', '어떤 의도였는가'를 묻는다.

② 학생의 언어로 표현된 성적 행동을 해석

자극의 반복, 농담 형태의 왜곡된 표현 등을 경계 혼란의 언어로 받아들인다.

③ 감정과 충동 사이의 연결성 탐색

자극적인 행동이 어떤 감정 뒤에 나타났는지를 조심스럽게 연결한다.

④ 내 몸, 타인의 몸에 대한 구분 회복

경계 인식과 타인에 대한 감각을 되찾도록 질문을 구성한다.

⑤ 조심스럽게 멈춤의 순간을 상상하게 하기

중단하거나 주저한 적이 있었는지를 회고하게 하면서 조절 가능성을 확인한다.

☑ 질문 예시

- 그 상황에서 네가 느꼈던 감정은 뭐였어? 혹시 지루함, 화남, 궁금함 같은 건?
- 그 행동을 하고 나서 너 스스로 어떤 생각이 들었어?
- 혹시 '이건 좀 선을 넘는 걸까?'라는 생각이 들었던 순간이 있었니?

- 상대방이 불편해했을 수도 있다는 생각이 들었을 때 네 마음은 어땠어?
- 이제 와서 생각해 보면 다른 선택을 해볼 수도 있었을까?

☑ 유의할 점

- 실천가는 교정자가 아니라 경계 감각을 회복하게 돕는 안내자다.
- 성적인 표현이 불편하거나 과하더라도, 그 언어가 익숙해진 맥락을 먼저 이해하고 천천히 방향을 함께 잡아간다.
- 도덕 교육보다 관계의 회복과 경계의 재구성이 우선이다.
- 성적 표현의 내면 동기를 들어주지 않으면, 단순 제지로는 반복을 막을 수 없다.

성 관련 위기는 말하지 않는다고 사라지지 않는다. 말할 수 없었던 시간을 함께 건너고, 경계가 흐릿해진 자리에서 다시 '나의 감정', '나의 몸', '나의 선택'을 되찾을 수 있도록 돕는 일. 그것이 실천가가 시작할 수 있는 가장 중요한 개입이다.

제4절. 가정환경 문제 : 말하지 않아도 남는 것들

가정은 학생의 기초 환경이지만, 때로는 가장 불안정한 배경이 되기도 한다. 가족 해체, 빈번한 양육자 변경, 정서적 방임, 물리적 돌봄 부족 등 삶의 기초가 흔들리는 상황에서 자라는 학생은 자기 이야기를 정리하는 것 자체가 어려운 경우가 많다.

가정환경 문제는 직접적으로 말하지 않더라도 학생의 표정, 말투, 생활 습관, 타인에 대한 반응 등에 스며 있다. 실천가는 '어떤 일이 있었는가'보다, '지금 이 아이가 어떻게 견디고 있는가'에 초점을 맞추어야 한다.

1. 가족 해체

☑ 면담 구조화 흐름

① 가족에 대한 질문은 현재 기준으로 묻기

'부모님'이라는 단어보다 '요즘 너랑 같이 있는 사람'이라는 표현을 먼저 사용한다.

② 사건보다 변화 중심으로 접근하기

갑작스럽게 바뀐 환경, 자주 반복된 이사나 전학 등 삶의 변화에 대한 감정을 묻는다.

③ 준비된 이야기부터 시작하기

말하지 않으려는 영역이 있으면 그것을 그대로 두고 다른 이야기로 우회 접근한다.

④ 지금의 일상 흐름 재구성

가족 구조가 어떻게 바뀌었든, 학생의 하루가 어떻게 흘러가는지를 묻는다.

⑤ 버티게 하는 존재 또는 생각 찾기

지금까지 견딜 수 있었던 정서적 지지 요인을 함께 찾는다.

☑ 질문 예시

- 요즘 너랑 가장 자주 지내는 사람은 누구야?
- 예전이랑 좀 달라진 게 있다면, 너한테 제일 크게 느껴지는 건 뭐였어?
- 어떤 건 말하고 싶지 않을 수도 있어. 괜찮아. 지금 네 하루가 어떤지부터 이야기해도 돼.
- 학교 마치고 나서 저녁까지는 주로 어떻게 지내?
- 힘든 순간에도 나름대로 버틸 수 있었던 이유는 뭐였던 것 같아?

☑ 유의할 점

- '가족'이라는 말이 상처로 작용할 수 있다는 것을 인식하고 언어를 조정한다.
- 가족 형태를 '정상'이나 '이상'으로 나누지 않는다.
- 말하지 않는 선택도 존중하는 태도가 필요하다.
- 학생이 혼자서 감당해 온 방식이 있다면 그 나름의 이유와 힘을 먼저 인정한다.

2. 돌봄 결핍

☑ 면담 구조화 흐름

① 기본적인 일상 질문으로 시작하기

식사, 잠자리, 생활 루틴 같은 '당연한 것'에서부터 질문을 시작한다.

② 학생의 언어로 돌봄을 정의하게 하기

'누가 돌봐주니?'보다는, '요즘 네가 챙겨야 하는 게 많다고 느껴?' 같은 감각적 질문 사용

③ 결핍보다는 감정 탐색 중심으로 전환하기

'방치되었다'는 표현보다 '불편했던 순간', '억울했던 기억'으로 감정을 끌어낸다.

④ 학생의 생존 전략 발견하기

스스로 해결해 온 방식, 버텨온 태도를 이야기하게 하고, 그 힘을 인정한다.

⑤ 다른 사람이 몰랐던 마음, 처음 꺼내보는 감정 열어보기

말할 수 없었던 순간을 말해도 괜찮은 장면으로 바꾸는 작업을 시도한다.

☑ 질문 예시

- 요즘 하루 중 네가 제일 바쁘다고 느끼는 시간은 언제야?
- 누가 챙겨주진 않지만, 네가 혼자 챙기고 있는 게 있다면 뭐가 있을까?
- 너무 배고팠거나 너무 피곤했는데 아무도 몰랐던 적 있어?

- '왜 나만 이래야 하지?'라고 느꼈던 순간이 있다면, 언제였을까?
- 그런데도 네가 계속 지내올 수 있었던 이유가 있다면, 그건 뭐였을까?

☑ 유의할 점

- 돌봄을 받지 못한 아이라는 시선은 피해자의 틀에 고정하는 오류로 이어질 수 있다.
- 자기 삶을 스스로 버텨온 방식에 대한 존중을 바탕으로 관계를 시작한다.
- '이렇게도 버텼다'는 점에서 자존감 회복의 실마리를 함께 찾는다.
- 현재 돌봄을 보완하는 접근이 아니라 돌봄의 의미를 새로 만드는 과정으로 본다.

가정환경 문제는 종종 말로 꺼낼 수 없고 학생 스스로도 그게 문제인지 모르는 상태인 경우가 있다. 그래서 실천가는 가족을 묻기보다 하루를 묻고, 결핍을 지적하기보다 지금까지 버텨온 방식을 함께 찾아낸다. 거기서부터 변화는 시작된다.

제5절. 안전 · 생활 위기 : 생존의 언어를 존중하는 면담

학생의 위기는 때때로 감정이 아니라 생활 그 자체로 나타난다. 제대로 먹지 못하고, 잘 곳이 없고, 안전하지 않은 환경에서 자라는 아이는 자신의 삶이 위험하다는 걸 인식하지 못한 채 일상을 버텨낸다.

실천가는 위험함을 지적하기보다, 학생이 어떻게 버티고 있는지를 들으며 삶의 감각을 함께 회복하는 역할을 해야 한다. 이 장에서는 식사 방임, 생활 기반의 위기, 도박·약물 등의 사례를 중심으로 학생이 수치심 없이 말할 수 있는 면담 흐름을 제시한다.

1. 식사 방임과 생활 기반 위기

☑ 면담 구조화 흐름

① 가장 기본적인 생활부터 묻기

아침을 먹었는지, 어제 어디서 잤는지, '당연한 것'을 가볍게 묻는 방식으로 시작한다.

② 생활의 흐름을 이야기하게 하기

하루의 루틴이나 평소의 패턴을 통해 정서보다 생활 중심의 말문을 연다.

③ 결핍을 드러내는 방식에 주의하기

'왜 밥을 안 먹었어?'보다는 '밥 먹을 시간이 있었어?'처럼 책임이 아닌 조건을 묻는다.

④ 수치심 없이 말할 수 있는 질문 구성

'쌀 떨어졌다고 말하기 창피하지 않게' 만들 수 있는 간접 질문 또는 보편적 질문을 활용한다.

⑤ 자기 삶의 감각 회복을 위한 질문으로 마무리

무엇이 있으면 좋겠는지, 무엇이 불편했는지를 묻는 것만으로도 학생이 자신의 상태를 인식하고 표현하게 된다.

☑ 질문 예시

- 요즘 아침은 주로 어떻게 해결하고 있어?
- 밤에 잠은 푹 잘 수 있어? 주로 어디서 자?
- 요즘은 밥보다 라면이나 빵 같은 걸로 끼니 때우는 날도 많을까?
- 밥을 굶었다기보다는, 먹을 시간이 없었던 걸까?
- 요즘 내 방이 있었으면 좋겠다, 혹은 누군가가 밥 챙겨줬으면 좋겠다 생각한 적 있어?

☑ 유의할 점

- 생활의 부족을 관리 소홀로 몰지 않는다. 학생은 삶의 조건을 선택할 수 없었을 뿐임을 기억한다.
- 무언가 부족한 상황을 말하는 게 자존심을 다치게 하지 않도록, 질문 방식에 조건적 언어(시간이 없었어?, 상황이 그랬어?)를 적극 활용한다.
- '네 잘못이 아냐'라는 표현보다, '그럴 수도 있지' 같은 중립적 반응이 학생의 마음을 덜 방어적으로 만든다.

2. 도박·약물 등 위험 행동

☑ 면담 구조화 흐름

① 행동을 직접 묻지 않고, 경험 중심으로 접근하기

'했어?'보다 '본 적 있어?', '요즘 그런 이야기 들어본 적 있어?' 같은 거리 있는 질문으로 시작한다.

② 위험 행동이 가지는 감정적 기능을 이해하기

지루함, 불안, 외로움 등 감정 해소 수단으로 작동하는지 묻는다.

③ 시도했던 순간보다 '망설였던 순간'에 주목하기

학생이 중단하거나 멈추려 했던 지점이 있는지를 통해 조절감 회복의 단서를 찾는다.

④ 책임 추궁보다 해석을 돕는 질문 구성

'왜 그랬어?'가 아니라 '그때 어떤 기분이었을까?'와 같은 질문으로 학생이 자신의 행동을 해석하고 감정의 흐름을 인식하도록 돕는다.

⑤ 행동보다 감정 회복에 집중하며 마무리하기

'그때 이후, 마음은 어땠어?', '다시 그런 상황이 온다면 어떤 생각이 들 것 같아?'와 같은 질문을 통해 학생이 자신의 감정을 인식하고 경험을 성찰할 수 있도록 이끈다.

☑ 질문 예시

- 혹시 친구들 사이에서 요즘 그런 얘기(도박, 약물) 나온 적 있어?

- 지루하거나 답답할 때, 뭐라도 해버리고 싶은 마음이 들 때가 있어?
- 그 행동을 하려다가 '하지 말까' 생각한 순간이 있었던 적은?
- 그 일을 하고 나서 마음이 어땠는지 기억나?
- 만약 지금 같은 상황이 다시 온다면, 넌 어떻게 해보고 싶어?

☑ 유의할 점

- 실천가는 통제하거나 훈계하는 역할이 아니라 상황을 해석하고 반응을 돌아볼 수 있도록 도와주는 사람이다.
- 위기 행동 자체보다, 그 상황에서 학생이 느꼈던 감정 상태와 선택 가능성에 집중한다.
- 실천가가 놀라거나 긴장하면 학생은 입을 닫는다. 어떤 이야기도 담담하게 받아들이는 태도가 우선이다.

학생의 생활 위기는 말보다 먼저 몸과 행동으로 나타난다. 그러나 실천가는 그 삶의 흔들림을 부족함이 아닌 이해되지 않은 현실로 해석해야 한다. 무엇이 부족했는지를 묻는 대신, 지금까지 어떻게 버텨왔는지를 함께 돌아보는 것. 그 질문 하나로 학생의 일상이 처음으로 존중받을 수 있다.

제6절. 학교 내 위험 요소 : 관계 속에서 잃어버린 감각을 회복하는 면담

학교 안에서의 위기는 눈에 보이는 사건보다 눈에 잘 띄지 않는 관계의 균열로 먼저 드러나는 경우가 많다. 교우관계 갈등, 따돌림, 교사의 단절된 반응 등은 학생에게 학교 자체를 위협적인 공간으로 인식하게 만들 수 있다.

실천가는 학생이 관계를 통해 상처받았더라도 관계 안에서 회복될 수 있다는 가능성을 설계해야 한다. 그 시작은 '무슨 일이 있었니?'가 아니라 '요즘 학교에서 제일 힘든 순간은 언제야?' 같은 감정 기반의 질문이다.

1. 교우 관계 갈등

☑ 면담 구조화 흐름

① '누구와 무슨 일'보다 '요즘 느낌'을 먼저 묻기

갈등을 명확히 설명하지 않아도, 학교에서의 정서 상태를 먼저 나누게 한다.

② 친구의 이름 대신, 느낌 중심으로 관계 탐색하기

특정인을 직접 묻지 않고, "요즘은 누구랑 있을 때 마음이 편해?" 등 우회적 질문을 활용한다.

③ 갈등 상황이 아니라 '반복된 감정'을 묻기

무시당한 느낌, 소외된 경험, 혼자 있는 시간이 늘어난 이유 등을 물어본다.

④ '그 일이 있고 나서' 중심으로 회복 질문하기

사건 자체보다 이후 학생의 감정이나 반응 변화에 집중한다.

⑤ 지금의 관계 위치를 정리할 수 있도록 돕기

단절, 회피, 불신 등 관계 패턴을 학생 스스로 정리해 보게 한다.

☑ 질문 예시

- 요즘 학교에서 제일 답답하거나 지치는 순간은 언제야?
- 친구랑 있을 때보다 혼자 있는 게 더 편한 날이 많아?
- 누군지 이름 말 안 해도 괜찮아. 최근에 마음 상한 일이 있었던 거야?
- 그 일이 있고 나서 네가 제일 바뀐 건 뭐였던 것 같아?
- 요즘 '내가 관계 안에서 어떤 위치에 있는지' 스스로 느껴본 적 있어?

☑ 유의할 점

- 실천가는 갈등 조정자가 아니라 감정 이해를 도와주는 동행자가 되어야 한다.
- 갈등의 진실보다 학생의 해석과 감정 변화에 중심을 둔다.
- 친구를 이름으로 특정하게 만들기보다, 관계의 감정적 결을 묻는 언어를 사용한다.

2. 학교폭력 피해 또는 가해 상황

☑ 면담 구조화 흐름

① 사건보다 경험 중심 접근하기

'언제, 어디서, 누구에게'보다는 그 상황에서 어떤 감정을 느꼈는지를 우선 묻는다.

② 정의보다 감정에 머물기

가해인지 피해인지 구분하기보다 불편감, 두려움, 수치감 등의 감정을 우선 탐색한다.

③ 말하고 싶지 않은 기억에 여유 두기

회피 반응이나 말의 멈춤을 존중하며 강요하지 않는다.

④ 신고가 아니라 이해를 위한 면담으로 명확히 위치 잡기

학생이 방어적으로 느끼지 않도록 이야기 자체가 '보고용'이 아님을 분명히 한다.

⑤ 사건이 아닌 관계 회복 가능성을 상상하게 하기

화해나 대면이 아니라 안전하게 일상을 지낼 수 있는 방식에 대한 상상을 열어준다.

☑ 질문 예시

- 그 상황에서 가장 힘들었던 건 말이 아니라 어떤 느낌이었어?
- 그 일이 있고 나서 네가 제일 달라진 게 있다면?
- 요즘은 학교 안에서 제일 긴장되는 순간이 언제야?
- 말하지 않아도 돼. 다만 그 장면이 자꾸 떠오른다면 어떤 순간이 먼저 생각나?
- 지금 네가 원하는 건 그 사람을 벌주는 게 아니라 그냥 편하게 지내는 거 아닐까?

☑ 유의할 점

- 사건 자체가 아니라 학생의 감정과 해석이 핵심이다. 실천가는 정보 수집을 위한 질문자가 아닌 감정 정리를 돕는 사람이어야 한다.
- 피해자 보호라는 명분으로 학생의 말할 권리를 압박하거나, 침묵을 해석하려 하지 않는다.
- 모든 개입은 학생의 말할 준비 상태에 따라 달라져야 하며, 가장 필요한 것은 침묵 속에서도 이어지는 관계의 존중이다.

관계 안에서 다친 학생은 그 관계가 회복될 수 있으리라는 기대조차 품지 못한 채 살아간다. 실천가는 그 책임을 묻는 사람이 아니라 '다시 관계 맺을 수 있을지 모른다'는 마음이 조심스럽게 피어날 수 있도록 돕는 사람이다. 질문은 그 시작이다.

학생을 만나는 것은 단지 자리에 앉아 말을 건네는 일이 아니다. 어떤 질문을 할지, 어떤 감정을 받아낼 수 있을지, 그 학생이 지금 무엇을 감당할 수 있는 상태인지 준비하고 마주해야 한다. 무작정 면담을 시작하는 실천은, 때로는 그 학생이 다시 말하지 않게 되는 첫 계기가 되기도 한다. 그래서 이 제6장은 '기술'이 아니라 준비된 마음과 구조를 만드는 실천가의 자세를 제안한 것이다.

맺음말

당신의 실천이, 이미 충분히 의미 있습니다.

누군가의 삶에 개입하는 일은 늘 조심스럽고, 때로는 외롭습니다.
학생의 표정 하나에 마음이 무너지기도 하고,
수없이 회의를 하고도 남는 건
'이게 최선이었을까' 하는 질문뿐일 때도 있지요.

그 질문을 멈추지 않는 사람이 바로 실천가입니다.
정답보다 관계를, 설명보다 경청을 선택하는 사람.
그 선택이 반복되는 자리에서
당신은 오늘도 의미 있는 실천을 하고 있습니다.

이 책은 현장을 위한 안내서이기보다
그런 당신의 실천을 응원하고, 지지하고, 믿는
한 사람의 동료로서 건네는 마음이었습니다.
'무엇을 해야 하는가'보다
'왜 이 일을 계속하고 싶은가'를 잊지 않게 해주는 말들이었기를 바랍니다.

마음이 흔들리는 어느 날,
이 책이 한 줄 문장으로라도
당신의 실천을 다시 붙잡아 주길 바랍니다.

당신이 학생 앞에 앉아 있는 그 장면 하나하나가
이미 이 사회를 조금 더 단단하게 만들고 있다는 것을 기억해 주세요.
그리고 당신 자신에게도
그만한 존중과 애정을 돌려주시기를 바랍니다.

이 책은 여기서 마무리되지만
당신의 실천은 앞으로도 계속될 것입니다.
그리고 필요할 때마다
이 책이 당신 곁에서 다시 펼쳐지기를 바랍니다.

저/자/약/력

■ **박자양**

국립전남대학교 사범대학을 졸업하고, 동 대학원에서 교육학 석사학위를 받았으며, 숭실대학교에서 교육학 박사학위를 취득했다.

10년 이상 청소년 현장에서 활동해 온 교육복지 실천가로, 다양한 위기 학생 사례에 대한 자문과 슈퍼비전을 진행해 왔다. 실제 사례를 기반으로 한 질문 설계, 면담 구조화, 개입 흐름 설계에 강점을 가지고 있으며, 학교–지역–기관 간 협력 구조를 현장에서 실천해 내고 있다.

서울특별시교육청의 지역교육복지센터 운영 매뉴얼 개발, 성과 지표 점검단, 현장 연구 보고서 등 정책과 실무를 잇는 자료 개발에도 참여해 왔다.

현재 강서교육복지센터장으로 재직 중이며, 실천가가 현장에서 곧바로 활용할 수 있는 실용 도구와 개입 모델을 꾸준히 개발하고 있다.

학생맞춤통합지원과 교육복지 실무

이론 · 실제 · 서식을 통합한 실천가 가이드

|저자| 박자양

|1판 1쇄| 발행 2025년 7월 15일

|발행인| 김 동 훈
|발행처| 공 동 체

|주소| 경기도 고양시 일산동구 호수로 358-39, 동문타워 I 905호(백석동)
|전화| 031) 814-3000(대표)
|팩스| 031) 814-3100
|홈페이지| http://www.compub.co.kr
|전자우편| compub@naver.com
|출판등록| 2005년 10월 6일
|등록번호| 제396-2005-36호

|ISBN| 979-11-6725-950-9
정가 15,000원